札幌
至福の 上等なランチ

Fabulous Lunch of top quality in Your Town

水本香里 監修

メイツ出版

心のこもったサービスと
選び抜かれた食材を使った料理
幸福感に包まれる、至福のひととき

撮影協力：RISTORANTE il Centro HIRAMATSU　p122

「今度はどこに食べに行く？」。友人とよくこんな会話をします。遠くに離れた場所に住んでいる友人が札幌に来るときも必ず「今回は何を食べたい？」と聞きます。おいしいものを食べたときの笑顔はとても素敵です。今回取材をさせていただいたお店をはじめ、札幌の飲食店でも、ここ10年で多くの道産食材を扱うようになりました。北海道全体で食に対する意識が変わってきています。季節ごと、旬の食材を使い私たちの記憶に残る一皿をシェフたちは作ってくれます。北海道の大地の恵みをいただきながら、話の尽きないランチタイムは私にとって特別な"至福の時間"です。

水本 香里

SELECTION

札幌 至福の上等なランチ 58

札幌 至福の上等なランチ
CONTENTS

INTRODUCTION　まえがき	2
CONTENTS　もくじ	4
全体MAP	6
HOW TO USE　本書のつかいかた	8
CAMARADE SAPPORO・FRENCH　カマラード　サッポロ	10
RISTORANTE ALI・ITALIAN　リストランテ　アリ	12
海鮮中華 宮の森れんげ堂・CHINESE　かいせんちゅうか　みやのもりれんげどう	14
蕎麦と新旬料理 石原・JAPANESE　そばとしんしゅんりょうり　いしはら	16
iL SOLiTO・ITALIAN　イル ソリト	18
日本料理 潤花・JAPANESE　にほんりょうり　るか	20
中国北方家庭料理 順香・CHINESE　ちゅうごくほっぽうかていりょうり　しゅんしゃん	22
円山 さくら庵・JAPANESE　まるやま　さくらあん	24
osteria EST EST EST・ITALIAN　オステリア　エスト　エスト　エスト	26
円山天ぷら つかさ・JAPANESE　まるやまてんぷら　つかさ	28
中国菜家 季璃香・CHINESE　ちゅうごくさいか　きりか	30
テロワール フランセスキッチン・FRENCH	32
RISTORANTE & BAR ITALIANA Mia Angela IKEUCHI店・ITALIAN　リストランテ　アンド　バール　イタリアーナ　ミア・アンジェラ　イケウチてん	34
円山鳥居前 むな形・JAPANESE　まるやまとりいまえ　むなかた	36
RICCI cucina ITALIANA・ITALIAN　リッチ　クチーナ　イタリアーナ	38
BISTROT déjà?・FRENCH　ビストロ　デジャ	40
teatro di massa・ITALIAN　テアトロ　ディ　マッサ	42
おばんざい おせんべい かまだ・JAPANESE	44
フレンチレストラン バンケット・FRENCH	46
四川料理 桃源郷・CHINESE　しせんりょうり　とうげんきょう	48
レストラン シンフォニー・FRENCH	50
和処 よし田・JAPANESE　わどころ　よしだ	52
La plume rose・FRENCH　ラ　プリュム　ローズ	54
鳥焼き・おでん こう楽・JAPANESE　とりやき・おでん　こうらく	56
GRAND NORI INDO SAPPORO・FRENCH　グラン　ノリ　インドゥ　サッポロ	58
中国料理 美麗華・CHINESE　ちゅうごくりょうり　びれいか	60
MONTORGUEIL・FRENCH　モントルゲイユ	62
TAKU円山・JAPANESE　タクまるやま	64

札幌 至福の上等なランチ　004

◆この本に掲載されている情報は、平成27年1月現在のものです。店舗により内容は予告なく変更される場合がありますので、事前にご確認ください。◆掲載しているメニューの内容は一部です。◆掲載されている料金表示は、税やサービス料などが別途必要な場合がございますので、予めご了承ください。◆特に断り書きがある場合を除き、消費税(8%)込の価格を掲載しております。ただし、価格は予告なく変更される場合がありますので、ご了承ください。◆そのほか詳細については各店舗へお問い合わせください。◆掲載店は順不同です。

Restaurant MiYa-Vie ……… FRENCH	96	
レストラン　ミヤヴィ		
Torattoria Dellamore ……… ITALIAN	98	
トラットリア　デッラ・アモーレ		
鮨 裏 赤れんが テラス店 ……… JAPANESE	100	
すし　なつめ　あかれんが　テラスてん		
トラットリア・ピッツェリア テルツィーナ ……… ITALIAN	102	
中国料理 桃花林 ……… CHINESE	104	
ちゅうごくりょうり　とうかりん		
蛯天 本店 ……… JAPANESE	106	
えびてん　ほんてん		
P'tit salé ……… FRENCH	108	
プティ・サレ		
Osteria YOSHIE ……… ITALIAN	110	
オステリア　ヨシエ		
鶏料理 札幌はし田屋 ……… JAPANESE	112	
とりりょうり　さっぽろはしだや		
Trattoria RICCO ……… ITALIAN	114	
トラットリア　リッコ		
L'AUBERGE DE L' ILL SAPPORO ……… FRENCH	116	
オーベルジュ・ド・リル　サッポロ		
Capri Capri ……… ITALIAN	118	
カプリ　カプリ		
古今山久 ……… JAPANESE	120	
ここんやまひさ		
RISTORANTE il Centro HIRAMATSU ……… ITALIAN	122	
リストランテ　イル・チェントロ　ひらまつ		
La Blancheur ……… FRENCH	124	
ラ　ブランシュール		
INDEX ………	126	
さくいん		

cuisine urbaine lien ……… FRENCH	66
キュイジーヌ　アーバン　リアン	
中国料理 侑膳 ……… CHINESE	68
ちゅうごくりょうり　ゆうぜん	
Trattoria Calma ……… ITALIAN	70
トラットリア　カルマ	
Dany's Restaurant ……… FRENCH	72
ダニーズ　レストラン	
鶴雅 ビュッフェダイニング 札幌 ……… JAPANESE	74
つるが　ビュッフェダイニング　さっぽろ	
北海道のフランス料理 Saveur ……… FRENCH	76
ほっかいどうのフランスりょうり　サヴール	
Pizzeria Dalsegno II ……… ITALIAN	78
ピッツェリア　ダルセーニョ　ドゥエ	
Quatre Vents ……… FRENCH	80
キャトル　ヴァン	
天婦羅 たけうち ……… JAPANESE	82
てんぷら　たけうち	
Bistro 25 Vingt-Cinq ……… FRENCH	84
ビストロ　ヴァンサンク	
料理屋K ……… JAPANESE	86
りょうりやケー	
GENOVESE ……… ITALIAN	88
ジェノベーゼ	
SIO ……… FRENCH	90
シオ	
Locandino Zio Vittorio ……… ITALIAN	92
ロカンディーノ　ツィオ　ヴィットリオ	
すし善 大通店 ……… JAPANESE	94
すしぜん　おおどおりてん	

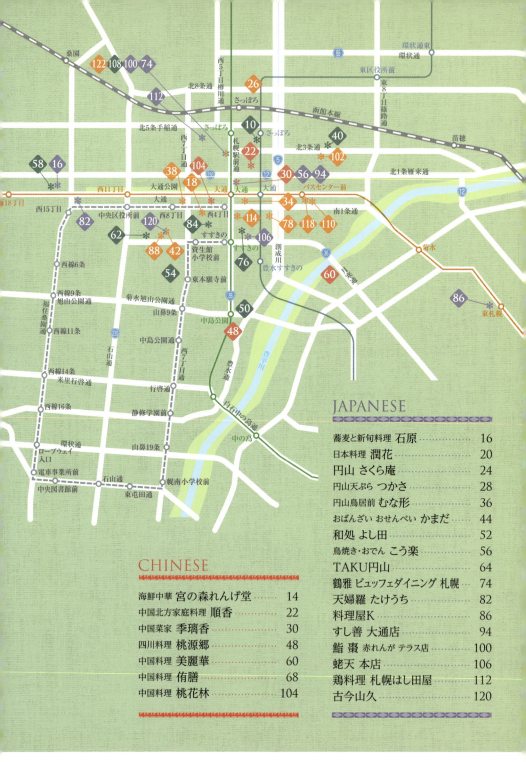

CHINESE

海鮮中華 宮の森れんげ堂	14
中国北方家庭料理 順香	22
中国菜家 季瑠香	30
四川料理 桃源郷	48
中国料理 美麗華	60
中国料理 侑膳	68
中国料理 桃花林	104

JAPANESE

蕎麦と新旬料理 石原	16
日本料理 潤花	20
円山 さくら庵	24
円山天ぷら つかさ	28
円山鳥居前 むな形	36
おばんざい おせんべい かまだ	44
和処 よし田	52
鳥焼き・おでん こう楽	56
TAKU円山	64
鶴雅 ビュッフェダイニング 札幌	74
天婦羅 たけうち	82
料理屋K	86
すし善 大通店	94
鮨 棗 赤れんがテラス店	100
蛯天 本店	106
鶏料理 札幌はし田屋	112
古今山久	120

札幌 至福の上等なランチ　006

FRENCH

CAMARADE SAPPORO	10
テロワール フランセスキッチン	32
BISTROT déjà?	40
フレンチレストラン バンケット	46
レストラン シンフォニー	50
La Plume rose	54
GRAND NORI INDO SAPPORO	58
MONTORGUEIL	62
cuisine urbaine lien	66
Dany's Restaurant	72
北海道のフランス料理 Saveur	76
Quatre Vents	80
Bistro 25 Vingt-Cinq	84
SIO	90
Restaurant MiYa-Vie	96
P'tit salé	108
L'AUBERGE DE L'ILL SAPPORO	116
La Blancheur	124

ITALIAN

RISTORANTE ALI	12
iL SOLiTO	18
osteria EST EST EST	26
RISTORANTE & BAR ITALIANA Mia Angela IKEUCHI店	34
RICCI cucina ITALIANA	38
teatro di massa	42
Trattoria Calma	70
Pizzeria Dalsegno II	78
GENOVESE	88
Locandino Zio Vittorio	92
Torattoria Dellamore	98
トラットリア・ピッツェリア テルツィーナ	102
Osteria YOSHIE	110
Trattoria RICCO	114
Capri Capri	118
RISTORANTE il Centro HIRAMATSU	122

札幌 至福の上等なランチ

札幌 至福の上等なランチ
HOW TO USE

- Ⓐ **ランチ料金の目安**　1 名分のランチ料金の目安を表記しています。

- Ⓑ **おすすめのランチメニュー**　おすすめのランチメニューについて紹介しています。

- Ⓒ **POPULAR DISH!**　お店で人気の一品を紹介しています。

- Ⓓ **インフォメーション**　お店の基本情報を表記しています。

    - 住 住所　TEL TEL　営 営業時間：（LO）＝ラストオーダー　休 定休日　席 席数
    - 予 予約の有無：基本は「必要」「したほうがよい」「不要」の3種で表記しています。店舗によって時間帯や曜日、利用人数などで条件が異なる場合もあります。事前に各店舗へお問い合わせください。
    - 夜 1名分のディナー料金の目安　喫 喫煙の可・不可　P 駐車場の有無
    - C クレジットカード利用の可・不可：表記は代表的なカードです。「その他」も含む表記の場合、種類については各店舗へお問い合わせください。
    - 交 最寄りの公共交通機関からお店までのアクセスを記載しています。

FRENCH

CHINESE

ITALIAN

JAPANESE

札幌 至福の上等なランチ 58SELECTION

FRENCH

一皿ごとにしっかりとしたボリュームがあり、食べ応え満点の「MENU B」¥2,500。前菜・温菜・メイン料理は日替わりで楽しめる

カマラード　サッポロ
CAMARADE SAPPORO

ランチコース2種のメインはプラス¥1,000〜で熟成肉のローストに変更可能（写真は一例：エゾシカのロースト）

木を基調に壁の色をブラックにしたことで高級感をプラス。温かみのあるダウンライトで落ち着ける雰囲気に

札幌　至福の上等なランチ　010

料理人が惚れ込む最高食材で作る骨太フレンチが楽しめるビストロ

十勝の豊頃町に拠点を置く、食肉のスペシャリスト集団「エレゾ」。料理人が惚れ込むシャルキュトリーがメインの骨太フレンチ。生産から加工、流通まで一貫して行う鳥獣肉専門ブランドとして、全国各地の有名レストランから圧倒的支持を受ける同社の直営店が2013年5月にオープンしました。

ここで味わえるのは、自社農場で育成する豚や鶏、羊、提携牧場で育成する牛、十勝で捕獲するエゾシカなどを使用したエゾシカなどを使用した豪快に仕上げた一皿もなく使い、シンプルかつ豪快に仕上げた一皿ばかり。自家工房で作るソーセージや生ハム、テリーヌなどは、テイクアウトも行っており、自宅用や贈答用に購入していく人も多いとか。ランチからガツンと食べたい日に最適な一軒です。

LUNCH MENU ¥1,000〜

PLATE LUNCH ……………… ¥1,000
［ワンプレートビストロランチ（メイン・サラダ・ポテト）］

MENU A ………… ¥1,500
［本日の前菜・本日のメイン・パン・コーヒー］

MENU B ………… ¥2,500
［本日の前菜・本日の温菜・本日のメイン・パン・デザート・コーヒー］

水本香里のちょっとおいしい話

メニューは「肉のみ」という潔さ。名だたるレストランのシェフが"最高食材"とほれ込む「エレゾ」の味わいを札幌で楽しめるなんて、とてもうれしいです。

POPULAR DISH!

ディナーより「蝦夷鹿のコンソメ ニンジンのピューレ ウニ添え」¥1,900。コンソメはジュレにすることで旨味を凝縮

生産から加工、流通、調理まで一貫して行えるのが最大の強み。鹿肉や家畜肉も従来のイメージを一変するような、新たな味わいをご用意しています。

ソムリエ・マネージャー　新澤　有也

住 札幌市中央区北3条西2丁目8 さっけんビル1F
☎ 011-215-1180
営 L／11:30〜14:00（LO）、D／17:30〜22:00（LO）
休 日・月曜
席 20席
予 したほうがよい
夜 ¥5,000〜
喫 全席禁煙
P なし
C 可（VISA・MASTER・AMEX・JCB・その他）
交 JR・地下鉄「さっぽろ」駅24番出口から徒歩1分

ITALIAN

「カリフリ農場7ヶ月ケンボロー豚のロースト」は野菜やハーブでじっくりとローストしたいろいろな部位が楽しめる（Menu Aletta ¥3800 よりメイン）

リストランテ　アリ
RISTORANTE ALI

「北イタリア・ピエモンテ地方への素敵なトリップ感」がコンセプト。モダンで上質な空間が広がる店内

北イタリア定番の極細パスタを使用した「タヤリン ラグー・ピエモンテーゼ」（Menu Aletta ¥3800 よりパスタ）

札幌 至福の上等なランチ　012

美食の地・ピエモンテへ誘う
伝統料理とワインの数々

美食の宝庫といわれる、北イタリア・ピエモンテ地方の郷土料理が味わえるリストランテ。オーナーシェフの岡田さんは北円山のイタリアンレストラン「ヴィア・ノルドマーレ」を5年間経営後、格式を上げたレストランを開業するため、奈良の星付きピエモンテ料理店で3年間修業。2013年9月に現在の場所に念願のお店をオープンしました。

食材は道産をはじめ、国内外を問わず厳選したものを使用。伝統の調理法を用い、素材の持ち味を生かした一皿はシンプルでありながら、繊細で優美。「心と体にしみ込んでいくようなおいしさが北イタリア料理の魅力」と語る、岡田さん。ソムリエールでマダムの絵美子さんが選ぶピエモンテ産のワインとともに、北イタリア地方の魅力を堪能できます。

LUNCH MENU
￥3,800〜

Menu Aletta ……… ￥3,800
[お食事前の小さな一皿・前菜・温菜・手打ちパスタ・メイン・口直し・ドルチェ・自家製パン・小菓子・エスプレッソ]

水本香里の ちょっと おいしい話

オープン2年目で常連の方が数多く訪れるほど、ゲストの方に信頼されている岡田夫妻。二人が築き上げたリストランテに、ぜひ足を運んでください。

POPULAR DISH!

濃厚なイタリア産チーズを使った温かいソースで味わう「鳴門金時のトルティーノ」（Menu Aletta ￥3800 より温野菜）

北イタリアのクラシックな料理にフレンチテイストを盛り込んだり、従来のイタリア料理にオリジナルのエッセンスを加えた料理をご提供しています。

オーナーシェフ 岡田 欣也

住 札幌市中央区円山西町7丁目8-1
☎ 011-621-2827
営 L／11:30〜14:30(LO13:30)、D／18:00〜22:30(LO21:00)
休 木曜、ほか月1回不定休あり
席 24席
子 必要
夜 ￥9,000〜
喫 全席禁煙
P あり(4台・無料)
C 可(VISA・MASTER・AMEX・JCB・その他)
交 JRバス「円山西町3丁目」停下車、徒歩6分

CHINESE

週替わりの主菜をはじめ、人気の点心などがコース仕立てで楽しめる「れんげ堂セット」¥1,944。写真は「エビのスパイシーマヨネーズソース」

海鮮中華 宮の森れんげ堂
（かいせんちゅうか　みやのもりれんげどう）

「中華そばと点心セット」¥1,728より「鶏そば」。鶏そばのほか、週替わりで同店人気の坦々麺が登場

ワインレッドとブラウンを基調とした高級感を感じさせる店内。テーブル席のほかカウンター席も用意

旬の道産食材を使った
広東料理と手作り点心を堪能

宮の森の閑静な住宅街の中にある広東料理店。札幌市内のホテルで10年ほど修行した後に、香港飲茶の極意を身に付けた廣部シェフが同店を開いたのは2007年のこと。食の安全性や心と体の健康を意識し、北海道産の旬の食材をはじめ、全国から仕入れた安心・安全な素材を使った料理を提供しています。なかでも、点心師でもあるシェフが一つ一つ手作りする点心は評判で、ランチセットやディナーのコースに含まれている点心のほかに追加で注文する人も多いそうです。

ディナータイムはコースのほか、週替わりのおすすめ料理や、麺料理など中国や台湾から直接仕入れたお酒に合うグランドメニューも充実。グループでの利用はもちろん、一人使いにもおすすめの一軒です。

LUNCH MENU
￥1,296〜

れんげ堂セット……￥1,944
[スープ・点心・サラダ・週替主菜・デザート・中国茶]

お昼のミニコース仕立て
…………………￥3,024
[前菜・スープ・点心3種・旬野菜炒・週替主菜・デザート・中国茶]

蓮華コース………￥4,320
[前菜・スープ・点心2種・海鮮旬野菜炒・エビチリ・海鮮粥・デザート・中国茶]

水本香里のちょっとおいしい話

2014年11月に北海道神宮横に姉妹店の「白鹿食堂」がオープン。「れんげ食堂」で人気の中華粥と点心を気軽に楽しめる、こちらも注目のお店です。

POPULAR DISH! 人気の一品

花山椒のしびれる辛さがたまらない「四川風麻婆豆腐」￥1,728。お好みで辣油と山椒を加えて楽しんで

「おいしいものは、幸せを呼ぶ」を信条にお料理を提供しています。今後は漢方の先生と連携し、薬膳にも挑戦したいと考えています。

オーナーシェフ　廣部　賢太郎

住 札幌市中央区宮の森1条17丁目2-28
☎ 011-375-8338
営 L／12:00〜14:30(LO)、D／18:00〜21:00(LO)
休 不定休
席 20席
予 必要
夜 ￥5,000〜

喫 全席禁煙
P あり(4台・無料)
C 可(VISA・MASTER・AMEX・JCB・その他)
交 地下鉄東西線「円山公園駅」からJRバス乗換「宮の森2条17丁目」停からすぐ

JAPANESE

人気の「ランチセット」¥1,080。そば(温または冷)に天ぷら、季節のサラダ、食後のデザートまたはコーヒーがセット。数量限定での提供

そばとしんしゅんりょうり　いしはら
蕎麦と新旬料理 石原

粗くおろした大根おろしの周りに花が咲くようにエビが並ぶ「えび満開鬼おろし蕎麦」¥999

ブラウンと白を基調としたモダンな空間が広がる店内。心地よいジャズのBGMでゆったりと食事が楽しめる

ジャズがBGMのおしゃれ空間で幌加内産のそばを贅沢に味わう

大通西15丁目の仲通りにあるビルの1階。木のぬくもりと白が調和したおしゃれで落ち着ける店内。一般的なそば屋のイメージを覆すくつろぎの空間を、インテリアとジャズのBGMがさり気なく演出しています。女性一人でも気軽に利用できそうな雰囲気が魅力の一つです。

そばの作付面積が「全国一」といわれている幌加内町産のそば粉と道産小麦を材料に、毎朝打ち立ての二八そばを仕込みます。ランチタイムは幌加内産のそばが中心のメニューを、ディナータイムはゆったりとくつろぎながら、店主の石原さんのセンスが随所に生かされた新旬料理をワインや日本酒など好みのお酒と共に味わうことができます。秋の新そばの時期はもちろん、昼も夜も気軽に楽しめそうな一軒です。

LUNCH MENU ¥621〜

ランチセット(数量限定) ……………¥1,080
[そば(温orつめ)・天ぷら・季節のサラダ・デザートまたはコーヒー]

えび満開おにおろしそば ……………¥999
*ディナータイムは¥1,250で提供

ざる ……………¥670

水本香里のちょっとおいしい話

幌加内そばのおいしさはもちろん、ディナータイムに味わう新旬料理も美味。馬刺しルイベも、石原さんの作ったかえしの味が生きて絶品です。

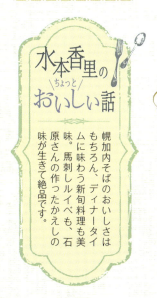

POPULAR DISH! 人気の一品

熊本から厳選馬肉を直送。自家製かえしにつけて味わう「特選霜降りと赤身の馬刺しルイベお得セット」¥2,138

毎朝そばを打ってから程良く熟成させ、ゆでたてをお客さまにお出ししています。深い旨味のつゆと共にお楽しみください。

店主 石原 正也

住 札幌市中央区大通西15丁目3-12 大通西ビル1F
☎ 011-615-1515
営 L／11:30〜14:00(LO)、D／17:30〜22:00(LO21:15)
休 日曜、祝日
席 29席
予 団体または貸切での利用の場合は必要
夜 ¥4,000〜
喫 分煙(11:30〜14:00まで禁煙)
P なし
C 可(VISA・MASTER・AMEX・JCB・その他)
交 地下鉄東西線「西18丁目」駅5番出口から徒歩4分

ITALIAN

「Aランチコース」¥1,480より、彩り鮮やかな「鮭とキャベツのタリオリーニ」(写真はAランチコースのパスタ例)

イル ソリト
iL SOLiTO

壁一面にワインが並べられたスタイリッシュな店内。カウンター席はオープンキッチンでライブ感が楽しめる

仕上げにすりおろす山ワサビが香り豊かな「トレビスとリンゴ・山わさびのタリオリーニ」¥1,500

札幌 至福の上等なランチ　018

伝統的な味わいも、趣向を凝らした一皿も
北イタリアの家庭料理を楽しめる一軒

南北に長いイタリアには20ある州で気候や風土によって、さまざまな郷土料理が存在します。「イル ソリト」で提供するメニューは北イタリア地方の料理を中心に、本場イタリアからはリゾットに使うイタリア米やトリュフ、ポルチーニなど乳製品を使った素朴で温かい北イタリア地方の料理。齋藤シェフは北イタリアを中心にミシュランの星付きレストランで7年間修業してきた確かな腕の持ち主。「イタリアの幅広い料理を、たくさんの人に知ってほしい」と2013年9月に同店をオープンしました。道産の野菜や畜産物を仕入れ、季節や素材の持つ香りを大切に調理しています。週末はランチからワインを楽しむゲストも多いそう。ワインのセレクトで迷った時はマネージャーの絹川さんに相談を。

LUNCH MENU
¥1,480〜

Aランチコース……¥1,480
[前菜・パスタ・パン・デザート・ドリンク]

Bランチコース……¥2,980
[アミューズ・前菜盛り合わせ・パスタ・メイン・パン・デザート・ドリンク]

アラカルト……¥600〜

＊ランチ営業は月・水曜休

水本香里のちょっとおいしい話

奥深い北イタリア地方の郷土料理の知識を教えてもらうのが楽しみの一つです。最北の地、アルトアディジェ州のワインと共に味わうのもおすすめ！

POPULAR DISH! 人気の一品

チロル地方の家庭料理「カンネデルリ」はパンと生ハム、チーズを使った団子状のパスタ。（ランチセット¥1,480、単品¥1,200）

7年間イタリアで学んだことを生かした、新たなメニューも今後登場予定です。オープンキッチンのカウンター席ではライブ感をお楽しみください。

シェフ 齋藤 一

住	札幌市中央区南2条西5丁目31-4 SCALETTA 1F
☎	011-200-4357
営	木〜日曜、祝日L／12:00〜15:00(LO14:00)、D／17:30〜翌1:00(LO24:00)
休	火曜、ほか不定休あり
席	16席
予	したほうがよい
夜	¥5,000〜
喫	全席禁煙
P	なし
C	可(VISA・MASTER・AMEX・JCB・その他)
交	地下鉄「大通」駅1番出口から徒歩3分

JAPANESE

「胡麻豆腐とかぼちゃクリーム・タコ柔らか煮・水菜と油揚げのおひたし」をはじめ、お造りや焼き八寸など（水仙¥3,300 コースより一例）

日本料理　潤花
（にほんりょうり　るか）

温かみを感じさせる木材のインテリアを配した店内。カウンターのほか、テーブル席や個室も用意している

「つばき」¥5,000 よりお造り。九州産のサワラや道内産の甘エビ、ヒラメ、自家製の塩辛など（写真は2名盛り）

関西仕込みの和食を北海道でさらに進化
四季折々の美しさを感じる日本料理

関西出身の店主中田さんは大阪と京都での修業を経て、「ぬくもりの宿 ふる川」の料理長を8年務め、2013年に独立してお店をオープンしました。関西仕込みのコース料理はどれも目にも鮮やか。繊細で質の高い料理を味わうことができます。

お店のインテリアも魅力の一つ。20年前から集めている有田焼や信楽焼などの器の数々が並んだ棚や、独立前から購入していた一枚板のウォールナットのカウンターなど、随所にこだわりが散りばめられています。カウンターにある炭コンロや土鍋は、滋賀県在住の陶芸家・中川一辺陶（いっぺんとう）さんにオーダーした特注品。温かみのあるシルエットと独特の色合いがお店に彩りを添えています。

目で楽しみ、舌で季節を味わう。日本料理の原点を改めて感じさせてくれる一軒です。

LUNCH MENU
¥3,300〜

水仙 …………… ¥3,300
[先付・椀・お造り・焼八寸・蓋物・飯物・水菓子・コーヒー]

つばき …………… ¥5,000
[先付・椀・お造り・凌ぎ・焼八寸・蓋物・飯物・水菓子・コーヒー]

水本香里の ちょっと おいしい話

日本料理の奥深さを感じさせてくれる中田さんの料理は、細かい所にたくさんの手間をかけています。実際にお話を聞くとより料理を堪能できます。

POPULAR DISH!
人気の一品

「水仙」¥3,300のコースから「焼八寸」（2名用）。海のものと山のもの、旬の素材を使った季節感あふれる全8品

咲いている花を見て心が和むように、日本料理を通じて心が和むようなお料理を目指しています。食材や器から日本の美しい四季を感じてください。

店主 中田 潤

住	札幌市中央区南1条西22丁目2-15 シーズンビルB1F
☎	011-213-8518
営	L／12:00〜15:00 (LO13:30)、D／18:00〜22:30 (LO20:30)
休	月曜（祝日の場合は営業、翌火曜休）
席	29席
子	したほうがよい
夜	¥4,800〜
喫	全席禁煙
P	なし
C	可（VISA・MASTER・AMEX・JCB）
交	地下鉄東西線「円山公園」駅5番出口から徒歩5分

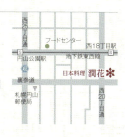

CHINESE

「麻婆豆腐」¥750。1日1回配達される作りたての豆腐を使った麻婆豆腐は、山椒の程よい刺激が絶品。ランチでは断トツ人気メニュー

ちゅうごくほっぽうかていりょうり　しゅんしゃん
中国北方家庭料理 順香

エビやイカ、ツブと季節の野菜をさっと炒めたシンプルなメニューは女性を中心に人気。「海鮮炒青菜」¥980

店内はテーブル席のほか、カウンター席も用意。店内ではオリジナルの調味料や中国雑貨なども販売

中国北方家庭料理を本場の味わいでリーズナブルに楽しめる人気の一軒

札幌時計台ビルの地下1階にある人気中国料理店「順香」。帯広の屋台村「北の屋台」で2002年に誕生し、2008年に現在の場所に移転。2015年に13年目を迎えました。中国北方で古くから続く家庭の味をリーズナブルに味わえると、ランチタイムには近くで働くビジネスマンが訪れ、長蛇の列ができています。「転勤や移動をしても食べに来てくれたり、常連の方が別のお客さまをご紹介してくれたり、どんどん輪が広がってきています」とマダムのかおりさん。食材は道産を中心に揃え、味の決め手となる香辛料は年に数回中国へ赴き、本場のものを仕入れているそう。ランチはお手頃価格のセットメニューを、夜は紹興酒などを飲みながら一品料理を味わう人で昼夜問わず賑わっています。

LUNCH MENU ¥750〜

麻婆豆腐 ……………… ¥750
[順香特製麻婆豆腐・ご飯・スープ・サラダ・漬け物]

海鮮炒青菜 ………… ¥980
[海鮮青菜炒め・ご飯・スープ・サラダ・漬け物]

本日の日替わり
 …………… ¥800〜¥880
[メイン(日替わり)・ご飯・スープ・サラダ・漬け物]

POPULAR DISH! 人気の一品

中国北方の焼き餃子「鍋烙(グオラオ)」¥500。オーダーを受けてから作るモチモチの皮は絶品(夜のみ提供)

水本香里のちょっとおいしい話

ランチのみ提供の「麻婆豆腐」は四川料理ですが、あまりの人気に定番メニューに。鍋烙(グオラオ)は夜のメニューなので、ぜひ昼も夜も通いつめて!

北海道より寒い中国北方は、体を芯から温めてくれる料理が多いです。いつも変わらないぬくもりある中国の家庭の味を、ぜひ食べに来てください。

店主 商 成順

住 札幌市中央区北1条西2丁目 札幌時計台ビルB1F
☎ 011-233-1898
営 L/11:00〜14:30(LO14:00)、D/17:00〜22:00(LO21:30前後)
※土曜、祝日の夜は(LO21:15)
休 日曜、祝日不定休
席 22席
予 したほうがよい(ランチは不可)
夜 ¥3,000〜
喫 分煙(11:00〜14:30は全席禁煙、ディナーは予約時に喫煙の有無を確認)
P なし
C 不可
交 地下鉄「大通」駅9番出口から徒歩5分

JAPANESE

鴨肉の脂身からでる旨味と長ネギの香ばしさがしみでたつゆがたまらない「鴨ねぎそば」¥1,100。お好みで山椒をかければ、さらに風味豊かに

円山 さくら庵
まるやま　さくらあん

シンプルな中にもさりげなく置かれたインテリアにセンスが光る店内。内装を手掛けたのはご主人の北川さん

すっきりとしたのど越しが魅力の「せいろそば」¥650。つゆは辛めでキリッとした味わい。日本酒との相性も抜群

札幌 至福の上等なランチ　024

そばへの愛と確かな技・光るセンス
そば通を魅了し続ける一軒

円山の閑静な住宅街に佇む一軒。石臼引きの粉と更科の粉をブレンドしたそばは、香り高く、しっかりとした歯ごたえ、すっきりとしたのど越しの良さが魅力。シンプルに「せいろ」でその味わいを楽しむのはもちろん、やわらかな鴨を使った「鴨せいろ」もおすすめ。「一度食べると、また食べたくなる忘れられない味」と評判で、通い続けるファンも多いそうです。

「自分のこだわりよりも、お客さまに喜んでもらえるそばを提供することを大切にしています」と店主の北川さん。この場所で22年、お店を続けてきた秘訣を聞くと、そんな答えが返ってきます。「一つ一つ丁寧に真面目に取り組む」という実直な姿勢は、料理はもちろん、器、お店の雰囲気、全てから感じ取ることができます。

LUNCH MENU
￥650～

鴨ねぎそば………￥1,100
せいろそば…………￥650
天ぷらそば………￥1,300

水本香里の ちょっと おいしい話

入口から店内へ続く石畳みのアプローチ、広々としたウエイティングスペースなども、訪れる人の心を期待感でいっぱいにしてくれます。

POPULAR DISH!
人気の一品

「板わさ」￥600をはじめ、そば屋定番の酒の肴もランチから提供。休日は昼間から粋な一杯を楽しむ人も

皆さんの喜ぶ顔が、そば職人としての原動力です。ランチはもちろん夜もお酒と共に手打ちそばのおいしさをぜひ味わってください。

店主 北川 哲也

住 札幌市中央区南5条西24丁目
011-533-0789
営 L／11:00～15:00（LO 14:40）
D／17:00～20:00（LO 19:20）
火曜はランチのみ11:00～15:00
（LO14:40）
休 水曜
席 19席
予 不要
夜 ￥800～
喫 分煙（席分煙）
P あり（4台・無料）
C 不可
交 地下鉄東西線「円山公園」駅4番出口から徒歩10分

ITALIAN

メインは肉と魚のどちらかをチョイス。パスタは口当たりのよいパペッティーネを使用。旬の食材も豊富に使った「コースランチA」¥1,500

osteria EST EST EST
オステリア エスト エスト エスト

シックな雰囲気の店内。全面窓のため、ランチタイムには日の光が差し込み、開放的で心地よい空間に

ヘルシーなラム肉のハンバーグはピリ辛のトマトソースがアクセント（コースランチB ¥2,000から）

札幌 至福の上等なランチ　026

雰囲気はカジュアル、味は本格派
正統派のイタリアンダイニング

札幌駅からほど近いオフィス街にあるイタリアン。ジャズが流れる落ち着いた雰囲気の店内では壁や棚にオーナーこだわりの自然派ワインがズラリ。ディナーはもちろん、ランチでもワインを楽しむ人も多いとか。「たくさんのお客さまに気軽に本格イタリアンを楽しんでほしい」と話すのはシェフの宮下さん。その言葉通り、リーズナブルな価格で正統派の味わいが楽しめます。

パスタや自家製フォカッチャには道産小麦「はるゆたか」を使い、モチモチの食感と豊かな小麦の香りが魅力の一品になっています。ランチでは1500円と2000円（土・日曜、祝日限定）のコースのほか、「日替わりパスタランチ」や「自家製パンのサンドイッチ」などのセットメニューも用意。コースのパスタも日替わりで楽しめます。

LUNCH MENU ¥700〜

コースランチA ……… ¥1,500
［サラダ・フォカッチャ・パスタ・メイン（肉or魚）・ドルチェ・ドリンク］

コースランチB（土・日曜、祝日限定）
………………………… ¥2,000
［サラダ・フォカッチャ・パスタ・魚料理・肉料理・ドルチェ・ドリンク］

パスタのランチ
……………………（日替わり）¥900
［サラダ・フォカッチャ・パスタ・ドリンク］

＊フォカッチャはおかわり自由

水本香里のちょっとおいしい話

道産小麦「はるゆたか」を使った、自慢のフォカッチャはタマネギやジャガイモなど北海道を代表する野菜も使い、フワフワモチモチの食感を実現！

POPULAR DISH! 人気の一品

しっとり食感と濃厚な風味が魅力の自家製レアチーズケーキは同店人気のドルチェ（コースランチA ¥1,500より）

敷居は低く、味は正統派がモットー。普段使いできるような雰囲気と多彩なお料理をご用意しています。ぜひ、お気軽にお越しください。

シェフ　宮下　友則

住	札幌市北区北9条西2丁目4-1 ホワイトキューブ札幌1F
☎	011-746-3389
営	L／11:30〜15:00(LO)、D／17:00〜23:00（フードLO22:30、ドリンクLO23:00）
休	年末年始（12月29日〜1月3日）
席	62席
子	したほうがよい
夜	¥3,500〜
喫	分煙（11:30〜15:00まで喫煙22席・禁煙40席）
P	なし
C	可（VISA・MASTER・AMEX・JCB・その他）
交	JR・地下鉄「さっぽろ」駅北口から徒歩3分

osteria EST EST EST

JAPANESE

上品な甘さがたまらないクルマエビをはじめ、天ぷら6〜7種は熱々が味わえるように2回に分けてテーブルへ（写真はつぼみコース¥3,240）※季節により天ぷらの内容異なる

<small>まるやまてんぷら つかさ</small>
円山天ぷら つかさ

ゆったりと座れる、落ち着いた造りのテーブル席とカウンター席。完全個室も1部屋あり便利

「エビ天丼」¥1,512。大エビ2本、小エビのかき揚げ、シイタケのエビ詰め、シシトウなど盛りだくさん

"サクッ"幸せな音と共に ネタの旨味がじわりと広がる

2014年2月にオープンした「つかさ」は、県の県の藻塩を使うなど、細かな部分にもごリーズナブルに本格的な天ぷらが味わえると店主の榎本さんのこだわりを感じます。

評判の一軒。具材となる魚介類は、道内産だけでなく築地から、その日の朝に空輸しています。野菜は当別町の契約農家「本橋農産」から直送したものを中心に使用。厳選した食材たちをゴマ油をベースに3種の油を独自にブレンドした油で、カラッと揚げます。塩は広島

県の県の藻塩を使うなど、細かな部分にもごだわりを感じます。

「天ぷらを揚げることを極めたい」という榎本さんの情熱が伝わってくる一品一品は極上の味。ランチは「つぼみコース」や「天ぷら御膳」、各種丼ものと8種を用意しており、まさに天ぷら天国。夜は常時20種類以上あるワインとのマリアージュも楽しめます。

LUNCH MENU ¥1,512〜

つぼみコース………¥3,240
[旬菜炊き合わせ・茶碗蒸し・天ぷら（魚介3品、野菜4品）・天丼or天茶・漬け物・甘味・コーヒーor紅茶]

天ぷら御膳…………¥1,620
[茶碗蒸し・天ぷら（魚介3品、野菜4品、かき揚げ）・ご飯・味噌汁（赤出汁）・漬け物・甘味・コーヒーor紅茶]

天彩弁当……………¥1,944
[旬菜炊き合わせ・茶碗蒸し・刺身・惣菜・天ぷら5品・味噌汁（赤出汁）・漬け物・ご飯・甘味・コーヒーor紅茶]

水本香里のちょっとおいしい話

北海道では馴染みのあまりない素材が、東京の築地から空輸で入ってきます。鮮度抜群のクルマエビ、キス、アナゴの天ぷらは絶品です。

POPULAR DISH! 人気の一品

夜のメニューより、道内産のホタテをカラッと揚げた「帆立の天ぷら」¥680。濃厚な甘みの肉厚なホタテは絶品

お客さまに「おいしいね」と言ってもらい、笑顔になってもらうことが喜びです。カウンターに座っていただくと天ぷらの揚がる音も楽しめます。

店主 榎本 司

住 札幌市中央区北1条西23丁目1-47 シャトー円山桂和1F
☎ 011-624-5579
営 L／11:30〜15:00(LO14:00)、D／17:00〜22:00(LO21:00)
休 水曜、ほか月1回不定休あり
席 22席
予 したほうがよい
夜 ¥4,000〜
喫 分煙（11:30〜15:00まで禁煙、ディナーは喫煙14席・禁煙9席）
P なし
C 可（VISA・MASTER・AMEX・JCB・その他）
交 地下鉄東西線「円山公園」駅5番出口から徒歩7分

CHINESE

干し貝柱とチキンスープで炊いた人気の「美健粥」¥2,000。前菜、点心、デザート、お茶など計6品の体に優しいお粥セット

中国菜家 季璃香
ちゅうごくさいか きりか

春夏秋冬、季節の北海道食材を生かしたコース料理。写真は「冬天季」¥3,000

風水を取り入れ陽（赤）、陰（青）、平（白）の3色を配した店内。駅前通りと大通公園に面した席も人気

陰陽五行と北海道の食材が融合
美味しくて、体が喜ぶ中国料理

"薬食同源"を追求し、陰陽五行をテーマに、北海道の気候風土・素材を組み合わせて作る本格中国料理が味わえる一軒。オーナーシェフの石井さんは、ザ・ウインザーホテル洞爺の2008年の「洞爺サミット」開催中、中国料理長として活躍したという、確かな腕の持ち主。2010年に「季璃香」をオープン。旬の道産食材を用いたオリジナリティ溢れる一皿てください。

ゲストから生活習慣病などで食事制限をしているという話を聞いたことがきっかけで、薬膳料理に興味を持ち、薬膳調理師と薬膳指導員の資格を取得したという石井シェフ。心も身体も健康になれる"北海道チャイニーズ"をぜひ味わってみ

LUNCH MENU
￥1,500〜

美健粥……………￥2,000
[前菜・蒸し物・炒め物・美健粥・デザート・お茶]

冬天季……………￥3,000
[前菜盛り合わせ・肉料理・海鮮料理など全6品]

海鮮あんかけ
平麺やきそばセット・￥1,500
[サラダ・本日の点心・やきそば2/3サイズ・デザート]

水本香里のちょっとおいしい話

体調や健康で気になることがあったら予約やオーダー時に伝えてみて。石井シェフが相談に沿った薬膳料理やお茶を用意してくれますよ。

POPULAR DISH! 人気の一品

道産小麦3種をブレンドしたオリジナル平麺が香ばしくてクセになる食感。「海鮮あんかけ平麺やきそば」￥1,290

中国料理の基礎となる薬食同源を、北海道の四季の食材の作用や効能を取り入れ調理し、「美味しくて体に良い」中国料理を提供しています。

オーナーシェフ　石井　登

住　札幌市中央区大通西3丁目7 北洋大通センター（大通ビッセ）4F
☎　011-219-2180
営　L／11:00〜15:00（LO14:30）、D／17:30〜22:00（LO21:30）
休　日曜
席　44席
予　したほうがよい
夜　￥4,000〜
喫　全席禁煙
P　なし
C　可（VISA・MASTER・AMEX・JCB）
交　地下鉄「大通」駅直結

FRENCH

その日届いた食材を見てから、メニューを組み立てる、シェフのこだわりが詰まった人気ランチコース「シェフズサゼッションコース」¥3,000

テロワール フランセスキッチン
テロワール　フランセスキッチン

木々を取り入れた緑いっぱいの落ち着ける店内。ガラス張りの屋根から注ぐ、あたたかな日差しが心地よい

自慢の窯で焼き上げる熱々の「Ａ４特選牛のビーフシチュードリア」(フランセスランチ ¥2,100より)

結婚式場「宮の森フランセス」内にあるフレンチレストラン。総料理長の今平さんが直産地へ足を運び、厳選した道産食材を使用した料理を提供しています。「北海道の食材は日本でもトップレベルのものばかり。食材の良さを引き立てる料理を心がけています」と語る、今平さん。店内に設けられた窯で焼き上げるピッツァや、肉や魚などを使った熱々最適です。

緑豊かな式場併設のレストランで
ちょっと贅沢なランチタイムを

ランセス」内にあるフレンチレストラン。ランチコースは1600円、2100円、3000円のこだわりの3コースを用意。式場ならではの、きめ細やかなサービスも魅力の一つで、落ち着いた雰囲気の店内でゆっくりと食事が楽しめます。貸し切りにもできるので、グループ使いやファミリー、大切な人と特別なひとときを過ごすお店としても

LUNCH MENU
¥1,600〜

シェフズサゼッション
……………¥3,000
［一口ジュース・アミューズ・リゾット・魚料理・肉料理・デザート・コーヒーor紅茶］

フランセスランチ……¥2,100
［一口ジュース・アミューズ・季節のスープ・メイン（チョイス）・デザート（チョイス）・コーヒーor紅茶］

ガーデンランチ………¥1,600
［一口ジュース・アミューズ・メイン（チョイス）・デザート・コーヒーor紅茶］

＊ランチ営業は土・日曜、祝日休

水本香里のちょっとおいしい話

館内には道産食材にこだわったスイーツを楽しめるカフェ「FRANCES FARM」が併設。食事の前後にも立ち寄ることができ、ゆるりとした時間を過ごせます。

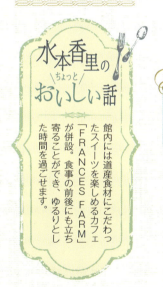

POPULAR DISH! 人気の一品

「さざ波のように〜かすべほほ肉の石窯ムニエル 厚岸町越野さん極上アサリの軽やかなナージュ」
（¥3,000のコースより）

窯のあるオープンキッチンで料理を仕上げることで、できたて熱々の料理を楽しみながら、エンターテインメントも体験できます。

総料理長　今平　慎太郎

住	札幌市中央区宮の森3条10丁目3-25（宮の森フランセス内）
☎	011-641-0707
営	L／11:30〜14:00（LO）、D／18:00〜21:00（LO）、土・日曜、祝日は19:00〜21:00（LO）
休	火曜（祝日の場合は営業）
席	48席
予	したほうがよい
夜	¥3,500〜
喫	全席禁煙
P	あり（80台・無料）
C	可（VISA・MASTER・AMEX・JCB・その他）
交	JRバス「彫刻美術館入口」停下車、徒歩すぐ

ITALIAN

ランチで人気の「今月のコース」¥1,490（写真はメニュー一例：海老とほうれん草とブラックオリーブ・トマトソース、タラとトマトの蒸し煮、ほか自家製フォカッチャやデザートなど）

リストランテ　アンド　バール　イタリアーナ　ミア・アンジェラ　イケウチてん

RISTORANTE & BAR ITALIANA Mia Angela IKEUCHI店

レンガのアーチが印象的なメインダイニング。ほかにも個室やパーティールームなども完備している

じっくりローストした十勝和牛を黒トリュフ塩でいただく「十勝和牛のロースト トリュフ塩添え」¥1,998

札幌 至福の上等なランチ　034

道産食材で楽しむ本格イタリアン
多彩なシーンで利用したい一軒

本場イタリアの古い地下のワイン蔵をイメージしたという店内は、レンガのアーチが印象的なクラシックでモダンな造り。ここで味わえるのは、道産食材を使用した"地産地消"の本格イタリアンの数々。モッツァレラやカチョカヴァロチーズなどのフレッシュチーズをはじめ、ブランド牛「えりも産短角牛」やサケ・ウニなどの海の幸と、北海道の恵み利用したい一軒です。

をふんだんに盛り込んだ料理がそろっています。また、スタッフたちのチームワークのよさが店内に心地よい活気を生み出しています。料理をはじめ、サービスも雰囲気もスペシャル過ぎず、カジュアル過ぎないさじ加減のうまさも魅力。記念日や特別な日を過ごすのはもちろん、普段使いにも最適。さまざまなシチュエーションで

LUNCH MENU
¥1,080〜

パスタセット………¥1,080
[サラダ・本日のパスタ・自家製フォカッチャ・ドリンク]

今月のコース………¥1,490
[サラダ・本日のパスタ・魚or肉料理・自家製フォカッチャ・月替わりのデザート・ドリンク]

クアットロフォルマッジ
Hokkaido×イタリアン
………………¥1,166

水本香里の ちょっと おいしい話

地下の隠れ家イタリアンという雰囲気のお店。敷居の高さを感じさせない、スタッフの方たちの明るい雰囲気も魅力で、いつも元気をもらっています！

POPULAR DISH! 人気の一品

イタリア産と北海道産のチーズを2種類ずつ使った「クアットロフォルマッジ Hokkaido×イタリアン」¥1,166

道内各地の生産者のもとを訪れ、厳選した食材のみを使用しています。こだわりの「北海道イタリアン」を多くの方に味わっていただきたいです。

料理長　工藤　明幸

- 住 札幌市中央区南1条西2丁目 IKEUCHI GATE B1F
- ☎ 011-261-3655
- 営 L／11:00〜16:00(LO15:30)、D／17:00〜23:00(ドリンクLO22:30、フードLO22:00)、土・日曜、祝日は11:00〜23:00
- 休 不定休(IKEUCHI休館日に準ずる)
- 席 126席
- 予 ランチタイムは不可
- 夜 ¥3,000〜
- 喫 分煙(11:00〜16:00喫煙30席・禁煙96席、ディナーは全席喫煙可)
- P なし
- C 可(VISA・MASTER・AMEX・JCB・その他)
- 交 地下鉄「大通」駅12番出口から徒歩3分

JAPANESE

夜のコース「円山旬膳」から食材をぎゅっとまとめ、まさに"いいとこ取り"な内容の「むな形旬膳弁当」¥2,160(1日限定15名)

まるやまとりいまえ　むなかた
円山鳥居前 むな形

木のぬくもり溢れる店内には、一枚板のカウンター席のほかテーブル席や個室もあり、特別な日にも最適

「お昼のコース料理」より¥5,000または¥7,000コースでは鉄板焼きがメインとして登場(写真は一例:白老牛のサーロイン)

しっかりとした和食の技術をベースに
独創的なアイデアが光る一皿を堪能

創作和食のお店で長年、料理長を務めていた宗形さんが独立し、満を持してオープンさせたのが「円山鳥居前むな形」。住宅街に面したお店は2014年4月のオープン直後から、近隣に住む方がリピーターとなり、"宗形流"の味わいを楽しんでいます。

「おいしいものを食べると、それを再現したくなる」と語る、宗形さんの思いから一品料理も充実しています。料理はコースがメインですが、気軽に楽しんでもらいたいという思いから一品料理も充実しています。和食という枠にとらわれず、独自の感性で作り上げる一皿は毎回驚きに満ちています。特製のハヤシライスやカレーライスなどが登場したり、ライブ感を出すためにカウンター内に鉄板を備え、牛肉やアワビ、エビを鉄板焼きで提供するなど、食べる人を飽きさせない工夫も怠りません。

LUNCH MENU
￥2,160〜

むな形旬膳弁当……￥2,160
［弁当・茶碗蒸し・ご飯・香の物・味噌汁・甘味・ドリンク］

お昼のコース…(6品)￥4,320

お昼のコース…(7品)￥5,400

お昼コース料理
……………(10品)￥7,560

＊「むな形旬膳弁当」は1日限定15名
＊ランチ営業は日曜、祝日休
＊ランチメニューは前日まで要予約

水本香里のちょっとおいしい話

日本料理は敷居が高いと感じがちですが、宗形さんの人柄、そしてオリジナリティ溢れる料理の数々が、リラックスした雰囲気を作ってくれます。

POPULAR DISH!
人気の一品

ユズの香りが爽やかな「真鯛かぶら汁」(夜の円山旬膳コース￥7,000より椀物一例)※コースは月2回内容が変わる

常に"おいしいもの"に対するアンテナを広げ、探求する毎日です。皆さんに「おいしい」と喜んでいただけるような料理を作っていきたいです。

店主　宗形　亮介

住　札幌市中央区北1条西26丁目1-15 円山鳥居前ビル1F
℡　011-215-7974
営　L／11:30〜14:00(LO13:00)、D／17:00〜23:00(LO22:00)、日曜、祝日は17:00〜22:00(LO21:00)
休　水曜
席　30席
子　ランチのみ必要
夜　￥5,000〜
喫　分煙(11:30〜14:00まで禁煙)
P　あり(ランチタイム3台、ディナータイム5台・無料)
C　可(VISA・MASTER・AMEX・JCB・その他)
交　地下鉄東西線「円山公園」駅5番出口から徒歩5分

ITALIAN

季節の野菜を使った前菜をはじめ、人気のパスタ、フワフワの自家製パンがセットの「パスタコース」¥1,730。パスタは3種からチョイスを

リッチ　クチーナ　イタリアーナ
RICCI cucina ITALIANA

川崎シェフをはじめスタッフ全員がサービスを担当。距離感の近さも、同店の魅力の一つ

濃厚な味わいが魅力の「黒糖のカタラーナ」¥540。黒糖の深いコクとまろやかな甘みが美味

旬の素材で味わう絶品イタリアン
つい教えたくなる隠れ家的一軒

シチリアからエミリア・ロマーニャなど、イタリアの南から北へ2年かけて修行した川崎シェフが腕をふるう、本格イタリアンのお店。市内中心部の小さなビルの2階に広がるのは、ベネチアンガラスのシャンデリアが輝く、シンプルでモダンな空間。街中の喧騒を離れ、ゆったりとした時間を過ごすことができます。

料理は伝統的なイタリアンをベースに、枠にとらわれない自由な発想から生まれる一皿を提供。道産素材を中心とした季節感を大切にしたメニューは、どれもじっくりと味わいたいものばかりです。ランチコースのパスタは定番のトマトベースをはじめ3種類を用意。ボリューム・価格共に満足度が高く、リピーターが多いのも納得。一度訪れたら思わず誰かに教えたくなる、そんな一軒です。

LUNCH MENU
¥1,140～

パスタコース………¥1,730
［前菜・パスタ・デザート・コーヒー・パン］

ピザコース…………¥1,730
［前菜・ピザ・デザート・コーヒー・パン］

RICCIコース………¥3,000
［前菜・スープ・パスタ・メイン・デザート盛り合わせ・パン・コーヒー］

水本香里の ちょっと おいしい話

いつ行っても魅力溢れる料理が味わえるのがうれしいお店。イタリア伝統のカタラーナやティラミス、パンナコッタなどのドルチェもおすすめです。

POPULAR DISH!
人気の一品

濃厚なソースと道産白子は相性抜群。「真だちのムニエル、ゴルゴンゾーラのソース。かぼちゃのピュレ」¥1,490

当別町の朝採り野菜をはじめ北海道各地の"美味しいもの"を積極的に取り入れた、旬を大切にした一皿をご提供しています。

シェフ　川﨑　律司

住　札幌市中央区南1条西7丁目12-2 大通公園ウエストビル2F
☎　011-280-4700
営　L／11:30～14:30（LO13:30）、D／17:30～22:30（LO21:00）
休　月曜（祝日の場合は営業、翌火曜休）
席　24席
子　したほうがよい
夜　¥3,888～
喫　全席禁煙
P　なし
C　可（VISA・MASTER・AMEX・JCB・その他）
交　地下鉄「大通」駅1番出口から徒歩5分または市電「西8丁目」停下車、徒歩3分

FRENCH

前菜とスープ、メインディッシュ、デザートがセットの「ランチコースB」¥1,750。写真手前はメインの魚料理一例「マダラのポワレ ケッパーソース」

ビストロ デジャ
BISTROT déjà?

ランチコースのメイン肉料理より一例「鶏ムネ肉の赤ワイン煮」。一皿にボリュームがあるのもうれしい

天井の高い店内はゆったりとした雰囲気。壁の絵画やポスターは、森谷シェフが独立前から集めていたもの

札幌 至福の上等なランチ

アットホームな雰囲気が魅力！
普段使いにぴったりなビストロ

札幌市の景観資産である岩佐ビルの1階にあるビストロ。「肩肘張らずに気軽にフレンチを楽しんでほしい」という思いから、札幌や小樽のレストランで腕を振るったオーナーシェフの森谷さんが独立しオープン。道産の食材を中心に、季節のおいしいものを使った一皿は、シンプルでありながら飽きのこない味わいが魅力。煮込み料理やグリルなど、フランスの家庭料理を気軽に味わうことができます。

夜は人気の「田舎風パテ」をはじめ、6〜8品が楽しめる「オードブル盛り合わせ」などアラカルトメニューが充実。グラスワイン550円、3種のワインが一度に楽しめるセットも1350円ととてもリーズナブル。ワインを片手においしい料理を仲間と分け合いながらワイワイと楽しみたくなるお店です。

LUNCH MENU
￥1,300〜

ランチコースA……￥1,300
［前菜orスープ・メイン(魚or肉)・自家製パン・コーヒー］

ランチコースB……￥1,750
［前菜orスープ・メイン(魚or肉)・自家製パン・コーヒー・デザート］

ランチコースC……￥2,200
［前菜・スープ・メイン(魚or肉)・自家製パン・コーヒー・デザート］

POPULAR DISH!
人気の一品

ランチの前菜としても人気の「お魚とキノコ ジャガイモのキッシュ サラダ添え」。夜は単品￥950で提供

水本香里のちょっとおいしい話

ディナーで何にしようか迷ったら「シェフのお任せコース」がおすすめ。たっぷり食べられる上、デザートまで付いて3800円と、とてもお得です！

普段使いのフレンチとしてわかりやすい味とボリュームのある料理を提供しています。ランチはもちろん夜も気軽に料理とお酒をお楽しみください。

オーナーシェフ　森谷　洋二

住 札幌市中央区北3条東5丁目5 岩佐ビル1F
☎ 011-219-6235
営 L/11:30〜15:00(LO14:00)、D/18:00〜23:00(LO22:00)
休 火曜
席 18席
予 したほうがよい
夜 ￥4,000〜
喫 全席禁煙
P なし
C 不可
交 地下鉄東西線「バスセンター前」駅8番出口から徒歩7分

BISTROT déjà?

ITALIAN

メイン料理をはじめ、パスタや前菜など6品の「ランチコース」¥2,800。旬の食材を使い、"季節感"を大切にしたメニューが味わえる

テアトロ ディ マッサ
teatro di massa

店内は無骨さを感じさせる造りをベースに、季節ごとの草花や配されたインテリアの素材、色使いで温かみもプラス

ディナーのアラカルトメニューより鮮やかな一皿、「ブッラータと色々トマト、生ハムのカプレーゼ」¥1,600

札幌 至福の上等なランチ　042

オープンキッチンを劇場に繰り広げる
五感を刺激するシェフのパフォーマンス

イタリア語で「劇場」を意味する「テアトロ」も、意欲的に取り入れています。また、「音」や香りも演出の一つという言葉を店名にした「テアトロ・ディ・マッサ」。同店では中央にキッチンには鉄板や炭火の焼き台を設置。配したオープンキッチンと食材を調理する音やを"舞台"に繰り広鉄板や炭火から立ちげられる、シェフの臨こめる香ばしい匂いな場感溢れるパフォーマンど、そういったもの全スを間近で楽しむことてがこれから味わう料ができます。理への期待感を高めて料理はフレンチやイくれます。五感をフルタリアンをベースとしに使って、空間全てをたオリジナリティ溢れ味わい尽くしたい。そるー皿を提供。和やアんな気分にさせてくれジアンの素材や要素るー軒です。

LUNCH MENU
¥2,800

ランチコース

¥2,800［前菜一の皿・前菜二の皿・パスタ・メイン・デザート・コーヒーor紅茶］

*ランチ営業は土・日曜、祝日のみ

水本香里の ちょっと おいしい話

"観る"だけでなく、音や香り、感触、全てが料理を味わうための演出という徹底したコンセプトが、このお店の最大の特徴であり魅力です。

POPULAR DISH!
人気の一品

ランチコースのパスタもその時に一番おいしいものをおいしい形で提供（ランチコース¥2,800 よりパスター例）

素材一つとっても、アプローチの仕方はさまざま。ジャンルにとらわれず、常に新しい味に挑戦しています。アイデアが詰まった一皿をお楽しみください。

シェフ　丹後　公章

住 札幌市中央区南3条西8丁目7 大洋ビル2F
☎ 011-252-7953
営 D／17:00～24:00
※ランチ営業は土・日曜、祝日のみ 12:00～14:00(LO)
休 火曜
席 24席
予 したほうがよい
夜 ¥7,000～
喫 分煙（席分煙）
P なし
C 可（VISA・MASTER・AMEX・JCB・その他）
交 市電「資生館小学校前」停下車、徒歩3分

JAPANESE

おせんべいを衣にした揚げ物、焼き魚、タコの柔らか煮、黒豆などが一皿にのった「かまだのおもてなし御膳 梅」¥1,620

おばんざい おせんべい かまだ
おばんざい おせんべい かまだ

自家製の抹茶アイスの上にオリジナルの"和カロン"。白玉には黒蜜をかけて味わって。「抹茶パフェ」¥864

味のある古い柱や梁の中に、木製のテーブルを置いた和風モダンの店内。昔懐かしい空間は2階にも続く

札幌 至福の上等なランチ　044

築70年の古民家で楽しむ
素朴な味わいのおばんざい

裏参道から続く、京都の小路を思わせるような小道の奥にらしたひまをかけ、工夫を凝らした一品一品はプロが建つ「かまだ」。ドアを開けて一歩店内に入ると、築70年の歳月を誇る古民家が"ほっ"とする癒しの空間へ誘ってくれます。同店は2012年にオープンですが、1964（昭和39）年から手焼きせんべいを作っており、店名の由来にもなっています。

作るおふくろの味。ランチメニューの「おもてなし御膳」は箸をつけることもためらいがちになるほど美しい盛り付けで、一口食べると体に優しい味が広がります。2階のワインセラーにはフランスやイタリア産のワインが約300本もあり、ワイン好きなら長い夜の時間が楽しめます。

旬の北海道産の素材

LUNCH MENU
¥1,620〜

かまだのおもてなし御膳 梅
……………… ¥1,620
[おばんざい三品・焼き物・煮物・蒸し物]

かまだのおもてなし御膳 松
……………… ¥2,160
[おばんざい三品・焼き物・煮物・蒸し物・お刺身]

限定 季節野菜ともち豚の
せいろ御膳……… ¥1,944
[もち豚のセイロ蒸し・野菜のセイロ蒸し・おばんざい三品]

＊いずれのメニューもごはん（白米または十六穀米）・味噌汁（赤出汁）・漬け物・ドリンク・デザート付き
＊季節によって料理の内容変更あり

水本香里のちょっとおいしい話

日本酒や焼酎など和酒はもちろん、こだわりのワインも豊富に用意しているのも魅力。和食とワインのマリアージュが楽しめるお店です。

POPULAR DISH! 人気の一品

人気のせんべいは常時8〜10種の味を用意。お土産にもおすすめ。「かまだの一口せんべい」各種1袋¥300

毎日食べていただいても飽きがこないよう、薄めの味付けで優しい味に仕上がるように心がけています。ディナータイムもぜひどうぞ。

料理長　齋藤　功

住　札幌市中央区南2条西25丁目1-31
　　011-616-0440
営　L/11:30〜15:30（フードLO14:00、軽食・喫茶LO15:00）、
　　D/17:30〜24:00（LO23:00）、金・土曜は17:30〜25:00（LO24:00）
休　水曜
席　29席
予　したほうがよい
夜　¥4,000〜
喫　分煙（喫煙24席、禁煙5席）
P　あり（提携駐車場あり、食事利用で1時間無料）
C　可（VISA・MASTER・AMEX・JCB）
交　地下鉄東西線「円山公園」駅4番出口から徒歩3分

FRENCH

そのままでもおいしい季節の新鮮な食材を、シェフ独自の感性とフレンチの技法でさらにおいしさを引き立てる、人気ランチコースの「Menu du jour」¥3,020

フレンチレストラン バンケット

フレンチレストラン バンケット

店内はテーブル四つに個室一つのゆったりとした空間。グループやファミリーでの利用におすすめ

トリュフの香りとフォアグラの旨味が魅力の「卵とトリュフとフォアグラのココット」(Menu dégustation ¥4,860 より前菜一例)

フランスや東京で学んだ技法
独自の感性と食材を生かした料理

札幌、東京、フランスを中心に、全国各地の数々の星付きレストランから良質な食材を厳選して使用。「札幌、東京、フランスで培ったフレンチの技法が私の軸になっています」と語るシェフ。食材の素晴らしさに甘えるだけではなく、フレンチの基礎を生かすことにより滋味あふれる料理に仕上げています。ランチコースは季節の素材を使った2コースを用意。日替わりで楽しめるのも魅力的です。

ナーシェフの若杉さんが手がけるフレンチが楽しめる「バンケット」が2013年7月にリニューアルオープン。最高のパフォーマンスを発揮でき、よりゲストが過ごしやすい空間にしたいとの思いから、店内はゆったりとしたくつろげるレイアウトになっています。食材は主に道産のも

LUNCH MENU
¥3,020〜

Menu du jour…¥3,020
[アミューズ・前菜・メイン・デザート]

Menu dégustation
……………………¥4,860
[料理とデザート合わせて6皿前後（日によって変わる）]

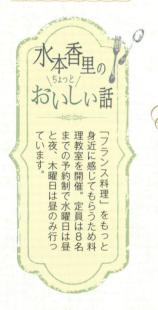

「フランス料理」をもっと身近に感じてもらうため料理教室を開催。定員は8名までの予約制で水曜日は昼と夜、木曜日は昼のみ行っています。

POPULAR DISH!

素材の良さを全面に出す「タスマニアサーモンのミ・キュイ・レギュームアラグレッグ」(Menu du jour ¥3,020より)

普段使いのフレンチとしてわかりやすい味とボリュームある料理を提供しています。ランチはもちろん夜も気軽に料理とお酒をお楽しみください。

オーナーシェフ 若杉 幸平

住 札幌市中央区南4条西18丁目2-23 ピュアコート円山1F
☎ 011-562-1221
営 L／12:00〜14:30(LO13:30)、D／18:00〜22:00(LO21:00)
※水曜の昼・夜、木曜の昼は料理教室を開催
休 月・火曜（月曜祝日の場合は営業、翌火曜休）
席 22席
予 必要
夜 ¥8,640〜
喫 全席禁煙
P あり(3台・無料)
C 可(VISA・MASTER・AMEX・JCB)
交 地下鉄東西線「西18丁目」駅1番出口から徒歩10分

CHINESE

季節の食材をふんだんに使用した本格四川料理の数々が味わえる「桃麗昼華コース」¥3,240。辛味は少し控えめで、幅広い世代が楽しめる味わいに

しせんりょうり とうげんきょう
四川料理 桃源郷

店内はテーブル席のほか、個室も完備。窓側の席からは眼下に中島公園、遠方には藻岩山が眺められる

コク深いスープが美味。「野菜と挽き肉入りタンタンメン」(たっぷりたべたい派ランチ¥1,782より)

札幌 至福の上等なランチ　048

創業50年の歴史を誇る札幌中華料理の老舗

四川料理を表す言葉の一つが「食在中国、味在四川」。食の宝庫は中国にあり、味の宝庫は四川にあるという意味です。

札幌の老舗ホテル「札幌パークホテル」開業と共に、歴史を重ねてきた「桃源郷」は、伝統的な四川料理の技法と複雑な味わいを生み出す「七大味」といわれる「酸・辣・麻・苦・甜・香・鹹」を組み合わせた多彩な一皿が味わえる、札幌の老舗中華料理店の一つ。伝統的な技法を忠実に守りながら、現代風のアレンジを加えた同店ならではの味を作り出すのは、料理長の千葉浩さん。この道40年の技が、例えば一口のスープから、一本の麺から、そして鮮やかにカットされた野菜や肉、魚と、食材一つから感じられ、その丁寧な仕事、そして奥深い味わいには、毎回感動してしまいます。

LUNCH MENU
¥1,782～

桃麗昼華コース……¥3,240
[前菜、炒め物、スープ、チャーハンなど全7品にコーヒー付き]

**たっぷり食べたい派ランチ
……………………¥1,782**
[12種から好みの麺1種・四川麻婆豆腐・古典式杏仁豆腐・ご飯・サラダ・ザーサイ]

**テーブルオーダー
ランチバイキング
「彩色昼飯」……大人¥2,980**
(65歳以上¥2,380)
　　　　　　　小学生**¥1,600**

＊利用は2名から、90分制
＊コースの料理内容は毎月変更、公式HP等参照

POPULAR DISH! 人気の一品

旨味のある辛さとプリプリの海老のコラボが絶妙。「小海老の四川チリソース煮」¥3,024
(写真は1～2名盛り)

初代料理長の言葉「味をつけてはじめて料理と言う」、単純でありながら深い四川料理の真髄を大事にしながら、初心を忘れずに努めています。

中華料理長　千葉　浩

水本香里のちょっとおいしい話

四川料理の醍醐味がいつでも楽しめることはもちろん、四季折々の中島公園の美しさを手に取るように眺められることも魅力ですよ。

住	札幌市中央区南10条西3丁目1-1 札幌パークホテル4F
☎	011-511-3136(食堂予約係)
営	L／11:30～15:00(LO14:30)、D／16:30～21:00(LO20:45)、土・日曜、祝日は11:30～21:00(LO20:45)
休	なし
席	134席
予	したほうがよい
夜	¥1,210～
喫	分煙(喫煙74席、禁煙60席)
P	あり(ホテルP・レストラン利用で2時間250円)
C	可(VISA・MASTER・AMEX・JCB・その他)
交	地下鉄南北線「中島公園」駅3番出口からすぐ

FRENCH

アペリティフから前菜、スープ、魚・肉料理、デザートまで、草野シェフの世界観を楽しめる「優雅なひと時 新緑の香り ランチ」¥2,376

レストラン シンフォニー
レストラン　シンフォニー

赤身肉の旨味が凝縮した「牛フィレ肉のグリエ 琥珀色したコンソメのポトフ風」(ヘルシーコントロールランチ ¥2,700 より)

ディナータイムや週末のランチタイムには生演奏を聴きながら食事が楽しめるイベントも開催

LUNCH MENU
¥1,080〜

優雅なひと時 新緑の香り ランチ
・・・・・・・・・・・・・・・・・・ ¥2,376
［アペリティフ（フルーツ酢ドリンク）・シェフおすすめの前菜・季節のスープ・魚料理・肉料理・パン・デザート・オーガニックコーヒーor紅茶］

ヘルシーコントロールランチ
〜カラダの中からキレイになる〜
・・・・・・・・・・・・・・・・・・ ¥2,700
［前菜・メイン・デザート・パン・オーガニックコーヒーor紅茶］

ちょっぴり贅沢 晴れの日 ランチ
・・・・・・・・・・・・・・・・・・ ¥1,728
［アペリティフ（フルーツ酢ドリンク）・シェフおすすめの前菜・季節のスープ・魚or肉料理・パンorライス・デザート・オーガニックコーヒーor紅茶］

＊ヘルシーコントロールランチは数量限定

開放感溢れるアトリウムで味わう
目にも鮮やか、体にいいフレンチ

アートホテルズ札幌1階にあるレストラン「シンフォニー」。緑溢れる吹き抜けのお店では、流れる水の音や木漏れ日に包まれてゆっくりと食事を楽しむことができます。

ここで味わえるのはアンチエイジングをテーマにした華やかで優美なフレンチの数々。「見た目が鮮やかで、おいしく体にいい料理を食べて欲しい」と話すのは料理長の草野さん。

たくさん野菜を使う一皿は、味わい・食感・色と素材の持ち味を最大限に引き出せるよう、煮る・蒸すなど手間を惜しまず、下準備を行います。ほかにも肉はドライエイジング加工で旨味を閉じ込め、尚且つカロリーを抑えたものを使用するなど、細微な行程までこだわりを持って調理。心も体も喜ぶ、美と健康に良いメニューをいただける一軒です。

水本香里の ちょっと おいしい話

色・味・食感・カロリーなど、綿密に考えられた、草野シェフの料理は食べると優しい気持ちに包まれます。ぜひ一度足を運んでみてください。

POPULAR DISH!
人気の一品

「優雅なひと時 新緑の香り ランチ」
¥2,376より、彩り鮮やかな前菜「桜鱒のマリネとホタテ貝柱の軽いスモーク 木苺のビネグレット、春の香り」

事前にお電話していただければ、オードブルからデザートまでオリジナルメニューでご用意することもできます。気軽にご相談ください。

アートホテルズ札幌 料理長　草野　忠幸

住	札幌市中央区南9条西2丁目2-10 アートホテルズ札幌1F
☎	011-512-8256（予約） 011-512-3456（代表）
営	L/11:30〜14:00（LO）、D/18:00〜21:00（LO20:00）
休	無休（イベント等で貸切の場合あり）
席	60席
予	不要
夜	¥2,700〜¥4,320
喫	全席禁煙
P	あり（90台・シンフォニー利用の場合2時間まで無料、以降30分毎150円または180円）※車種によって料金異なる
C	可（VISA・MASTER・AMEX・JCB）
交	地下鉄南北線「中島公園」駅1番出口から徒歩2分

JAPANESE

季節毎の旬の食材を20品近く使った、目にも鮮やかな「松花堂弁当御膳」¥1,500。ボリューム満点の品々に箸が進むこことうけあい

和処 よし田
(わどころ よしだ)

掘りごたつの個室も完備。席から庭園を眺めることもでき、日常の喧騒も忘れさせてくれる落ち着いた雰囲気

刺身は中央卸売市場で毎日仕入れる鮮度抜群のもの。写真はシマアジ（松花堂弁当御膳より）

女性たちを魅了する、和の"味"と"粋"がここに

のれんをくぐった瞬間から贅沢な気分にさせてくれる、日本料理の店。目の前に飛び石、手水鉢から水の音が聞こえ、竹の垣根の中には石組みと玉砂利。和の趣は自然とくつろぎの中へ誘ってくれます。

食材は北海道産をはじめ、全国各地から厳選したものを使っており、本まぐろを使用した逸品から、ホッケ・ツボダイなどの焼き物、さらに天ぷらなど和食の数々が思う存分に味わえます。味のベースとなるカツオの削り節は、ほぼ毎日仕入れ、使い切るそうです。ランチメニューは「松花堂弁当御膳」の1種類のみで、限定25食。刺身や焼き物、煮物など6品のほか、口当たりの良い茶碗蒸しが付いています。さらにデザートとコーヒーもセットなのもうれしい限り。ゆったりと食事を楽しんでいく人も多いそうです。

LUNCH MENU
￥1,500

松花堂弁当御膳(25食限定)
……………￥1,500
[煮物・焼き物・揚げ物・刺身・口代わり・サラダ・茶碗蒸し・ご飯・味噌汁・デザート・コーヒー]

水本香里のちょっとおいしい話

和食の道一筋のご店主丹内さんが作る、海の幸を中心とした料理は絶品。席は個室なので、特別な日や記念日などで利用するのもおすすめです。

POPULAR DISH! 人気の一品

夜の単品メニューより「ふわふわ出し巻き玉子」￥650。長年の技でふんわりと仕上げた逸品にはファンも多い

和食一筋25年のキャリアで料理の醍醐味を楽しんでいただけるように努めています。日本酒も常時30種以上ありますので、夜もぜひどうぞ。

店主　丹内　栄治

住	札幌市中央区南1条西22丁目1-3 マックスビル2F
☎	011-616-9933
営	L／12:00〜14:30(LO13:30)、D／17:00〜23:00(LO22:30)、土曜17:00〜23:00(LO22:30)
休	日曜(月曜が祝日の場合は連休)
席	25席
予	したほうがよい
夜	￥4,000〜
喫	全席喫煙可
P	あり(4台・無料)
C	可(VISA・MASTER・AMEX・JCB・その他)
交	地下鉄東西線「西18丁目」駅1番出口から徒歩5分

FRENCH

魚と肉、2種のメインと人気の前菜が付くお得なコース「Menu Dejeuner」¥4,600。一つ一つ手の込んだ繊細な一皿は目にも鮮やか

ラ プリュム ローズ
La Plume rose

白を基調とした店内は、ロココ調のインテリアを配したエレガントな雰囲気。ほかに色調の異なるシックな個室も用意

「Menu Dejeuner」¥4,600 より前菜一例「さまざまな根菜達のポテ 緑のジュで」。グリーンのソースが引き立つ一皿

札幌 至福の上等なランチ　054

LUNCH MENU
¥2,800〜

Menu Dejeuner sommaire
・・・・・・・・・・・・・・・¥2,800
[アペリティフ3種・アミューズ3種・スープ・自家製パン2種・メイン（魚or肉）・デザート・茶菓子・コーヒーor紅茶]

Menu Dejeuner
・・・・・・・・・・・・・・・¥4,600
[アペリティフ3種・アミューズ3種・前菜・スープ・自家製パン2種・魚料理・肉料理・デザート・茶菓子・コーヒーor紅茶]

Epicure（Lunch）
・・・・・・・・・・・・・・・¥7,000
[アペリティフ3種・アミューズ3種・前菜・スープ・自家製パン2種・魚料理・肉料理・デザート前の小さなデザート・メインデザート・茶菓子・コーヒーor紅茶]

パリの三ツ星店で腕を磨いた若きシェフが作る繊細優美な一皿

ブルーグレーの門構えがパリの三ツ星レストランを思わせる外観。扉を開けると広がる、クラシカルな装飾の美しいメインダイニング。この贅沢な空間の中で味わえるのが、パリの三ツ星レストランで腕を磨いてきた、千葉シェフの本場仕込みのフレンチです。クラシカルをベースに現代風も取り入れた一皿は、どれも彩り鮮やかで手の込んだ繊細な一皿。その繊細で手の込んだ店です。

塩分や油分を控え、最後まで飽きのこない味わいに仕上げているのも特長。アレルギーやダイエットにも対応してくれます。まだオープンから一年ですが、すでに道外から何度も訪れるゲストも多いとか。今後にますます期待大のお店です。

水本香里のちょっとおいしい話

パリの三ツ星「タイユバン」と「ピエール・ガニェール」で腕を磨いた千葉シェフ。本場フランスで培った技術と感性を生かした料理が味わえます。

POPULAR DISH!
人気の一品

厳選フルーツとのマリアージュが楽しめる「フランス産フォアグラのソテー 季節のフルーツのハーモニーで」¥4,500

見た目の華やかさ、そして一口目から広がる驚きの味わい。最後の一皿まで、お客さまの心をワクワクさせるような料理をご提供していきたいです。

オーナーシェフ 千葉　清孝

住　札幌市中央区南7条西7丁目4-5 マンション ティアラ W7 1F左門入口
☎　011-521-8360
営　L／11:30〜14:00(LO)、D／17:30〜20:30(LO)
休　月曜、ほか不定休あり
席　28席
予　必要

夜　¥7,000〜
喫　全席禁煙
P　なし
C　可（VISA・MASTER・AMEX・JCB）
交　市電「東本願寺前」停下車、徒歩1分または地下鉄南北線「すすきの」駅4番出口から徒歩8分

La Plume rose

JAPANESE

ミニそば（冷）をはじめ、刺身や天ぷらなどが味わえる「そば箱膳」¥1,814。ボリュームもしっかり、彩り鮮やかな幕の内弁当は女性を中心に好評

とりやき・おでん　こうらく
鳥焼き・おでん こう楽

1日5食限定の「おでん定食」¥1,080。関西風のすっきりとしたダシがしみ込んだ具材が、ご飯にぴったり

ゆったりとしたカウンター席のほか、6名用の個室を2室用意。大きな窓からは札幌駅前通りの街並みを一望

関西風おでんと串焼きが楽しめる
落ち着いた雰囲気の和食店

のれんを一歩くぐると、優しいダシの香りが漂う店内。「日本料理をとわ」の姉妹店である同店は、昼はそばは、夜はおでんと串焼きをお酒と共に楽しめます。

こだわりのおでんはカツオやコンブをベースとした関西風のダシに同店流のアレンジを加えた、あっさりタイプ。具材は定番ものをはじめ、滋賀県産の赤コンニャクやトマト、厚岸産のカキ、牛タンなど季節の食材を用意している「逸品おでん」などもを用意しています。熟練の職人が備長炭で焼き上げる串焼きも、オーダー必須メニュー。道産をはじめ、全国各地の"おいしい食材"を炭と職人の腕で、さらにおいしく味わえる逸品ぞろいです。昼のそばは道産そば粉を使った細打ちの更科そばをさまざまなメニューで提供。丼ものやセットも用意しています。

LUNCH MENU
￥1,000〜

そば箱膳…………￥1,814
[ミニそば・刺身・天ぷら・煮物・小鉢・じゃこ飯]

おでん定食………￥1,080
[おでん5種・小鉢・ご飯・香の物]

こう楽御膳………￥2,700
[刺身・天ぷら・茶碗蒸し・焼き魚・煮物・小鉢・ご飯・味噌汁・デザート]

＊「おでん定食」は1日限定5食

水本香里のちょっとおいしい話

ランチでは月替わりの「季節の蕎麦」やディナーで提供する焼き鳥を使った「焼鳥丼」(金・土曜限定)など、ほかにも魅力的なメニューがたくさん!

人気の一品
POPULAR DISH!

道産そば粉を使った「せいろ」￥702。細打ちの更科そばは濃い目のキリッとしたつゆでさらっと味わって

毎月はじめには夜のおすすめの一品メニューが一新します。ランチはもちろん、夜はメインのおでんとお酒で楽しいひとときをお過ごしください。

料理長　松宮　典秀

住　札幌市中央区大通西3丁目7 北洋大通センター(大通ビッセ)4F
☎　011-271-5089
営　L/11:00〜14:30(LO14:00)、D/17:00〜22:00(LO21:30)
休　第2・4月曜
席　30席
予　不要
夜　￥5,000〜
喫　分煙(11:00〜14:30まで禁煙)
P　なし
C　可(VISA・MASTER・AMEX・JCB・その他)
交　地下鉄「大通」駅直結

FRENCH

ボリュームたっぷりのメインを中心に4品とドリンクがセットでお得な「ランチコース」¥1,980。メインは肉または魚からチョイスを

グラン ノリ インドウ サッポロ
GRAND NORI INDO SAPPORO

シェフとの会話を楽しみながら、食事が味わえるカウンター席が中心のお店。テーブル席は2〜10名まで対応

「ランチコース」¥1,980より、メイン一例「当別産黒豚のロースト 季節の野菜添え」。野菜は道産を中心に旬のものを

札幌 至福の上等なランチ

シェフの思いが詰まった理想のお店で
"おいしいひととき"を堪能

札幌のフレンチを代表するシェフの一人、因藤典文さんが2014年12月に満を持してオープンしたお店が「GRAND NORI INDO SAPPORO」です。店内はカウンター席をメインとした設計。ほかに個室タイプのテーブル席も、シェフの立つカウンターキッチンから目が届くようになっています。「お客さまの反応をダイレクトに感じられ、発見も多いですね」とシェフ。

海外のミシュラン星付きレストランをはじめ、数々の名店で振るってきた腕を、集大成であるこのお店で思う存分楽しめます。

食材は近郊農家からの産直野菜や道産の素材を中心に厳選した素材を使用。独自の感性が光るモダンクラシックな一皿は絶品です。ランチは2コースを用意。1日限定2組なので、前日までに予約を。

LUNCH MENU
¥1,980〜

ランチコース………¥1,980
[前菜orスープ・メイン（魚or肉）・デザート・自家製パン・ドリンク]

ランチコース………¥3,500
[アミューズ・前菜・スープ・魚料理・肉料理・デザート2品・自家製パン・ドリンク]

＊ランチは1日2組限定（前日までに要事前予約）

水本香里のちょっとおいしい話

「GRAND」はフランス語で「大きい」という意味。190cmと大柄の因藤シェフにぴったりと、周りの方から満場一致でお店の名前が決まったそうです！

POPULAR DISH! 人気の一品

「ランチコース」¥1,980 より
前菜「お魚とセップ茸のムース
お米サラダ レッドビーツのソース さまざまなお野菜と共に」

今まで培ってきた経験と料理や全てのものへの愛情と感謝の心を大切に、料理人という職業を続けながら、最高の一皿をご提供していきたいです。

オーナーシェフ 因藤 典文

住 札幌市中央区西16丁目
3-8 Farandole大通1F
☎ 011-215-7787
営 18:00〜23:00(LO22:30)
※ランチは1日2組限定
L／12:00〜15:00(LO13:30)
前日までに要事前予約
休 不定休
席 18席

予 必要
夜 ¥6,000〜
喫 全席禁煙
P なし
C 可(VISA・MASTER)
交 地下鉄東西線「西18丁目」
駅5番出口から徒歩2分

CHINESE

丁寧に手作りした点心4種をはじめ、数種から選べる炒め物、ご飯ものまたは麺、デザートがセットになった「点心逸品ランチ」¥2,500

中国料理 美麗華
(ちゅうごくりょうり　びれいか)

中国の調度品が並ぶ広い店内にステージを設置。ディナータイムには二胡やピアノなどの生演奏が行われる

中華の王道メニューといえば「北京ダック」も外せない。本場の味わいをぜひ。「北京ダックランチ」¥3,500

札幌 至福の上等なランチ　060

中国料理店の最高峰を目指し、伝統を守りながら、常に挑戦

本場の味の素晴らしさを日本人の味覚にマッチさせ、中国料理ならではの深みのあるコクを作りだす。そのための準備、仕込み、職人の技などさまざまな要素を見事に組み合わせる「美麗華」の味は、幅広い層に支持され、「中国料理なら、ここしかない」というゲストも数多くいる人気店です。

上海と広東出身の二人の点心師が本場の誇る至福の味を運んできてくれます。

手作りの皮や独自の具材を巧みに使った小籠包や餃子には多くのファンがいます。広東料理・上海料理という味のエッセンスを取り入れながら、あくまでも美麗華オリジナルの中国料理を追求。一つ一つを丁寧に作るというランチメニューは、一品ごとに絶妙なバランスを誇る至福の味を運んできてくれます。

LUNCH MENU
¥1,500〜

点心逸品ランチ……¥2,500
[前菜・点心4種・炒め物・麺orご飯・デザート]

平日限定 北京ダックランチ
………………………¥3,500
[前菜・北京ダック・小籠包など3品・麺orご飯・デザート]

美麗華ランチコース
………………………¥5,000
[前菜・点心2種・スープ・黒酢の酢豚など3品・炒飯・デザート]

水本香里のちょっとおいしい話

「美麗華」といえば本格点心は外せません。なかでもたっぷりのスープとあんのバランスが絶妙な小籠包は絶品!口の中に広がる肉汁がたまりません。

POPULAR DISH! 人気の一品

「魚介入りあんかけつゆそば」¥1,350。エビ、イカ、ホタテの魚介類と大き目の野菜が入ったヘルシー感が女性に人気

伝統的な味や技法に対する忠実性を維持しながら、お客さまの心に鮮明に残る新しい感動の味をお届けしていきたいとチャレンジしています。

料理長 **本間 勤**

住 札幌市豊平区豊平4条1丁目1-1 ルネッサンスサッポロホテル3F
☎ 011-842-6651(直通)
営 L/11:30〜15:00(LO14:30)、D/17:30〜21:00(LO20:30)
休 無休
席 200席
予 したほうがよい
夜 ¥5,000〜

喫 全席禁煙
P あり(ホテルP・200台、レストラン利用で4時間無料)
C 可(VISA・MASTER・AMEX・JCB・その他)
交 地下鉄東西線「菊水」駅3番出口から徒歩9分

FRENCH

肉厚の豚肉をじっくり火入れした、ボリュームたっぷりの人気の一品「新冠産骨付豚ロースのロースト」（写真はランチのメイン料理一例）

モントルグイユ
MONTORGUEIL

手亡豆や鴨モモ肉のコンフィが入った「フランス南西部地方料理 カスレ」（写真はランチのメイン料理一例）

ブラウンを基調とした、温かみのあるインテリアを配した店内。アットホームな雰囲気が魅力的

おいしいもの好きが集い、楽しむ
隠れ家的ビストロ

ご夫婦で営む、隠れ家的佇まいのビストロ。食材へのこだわりは強く、足寄の「石田めん羊牧場」の羊肉をはじめ、白糠のエゾシカや広島産のイノシシなどは道外からも、ある札幌にお店を開いたのは2008年のこと。北海道産の食材をはじめ、厳選した素材をふんだんに使用した"骨太フレンチ"が口コミで評判を呼び、今では週末ともなると予約でいっぱいになる人気店です。

関西での修業時代より、道産食材に魅力を感じていたというオーナーシェフの村上さんが、マダムの故郷である札幌にお店を開いたのは2008年のこと。北海道産の食材をはじめ、厳選した素材をふんだんに使用した"骨太フレンチ"が口コミで評判を呼び、今では週末ともなると予約でいっぱいになる人気店です。

一皿を求めてゲストがやってくるそう。一皿のボリュームはしっかりありつつ、値段はリーズナブルというのが魅力で、「今日はしっかり食べたい」という気分の時には最適の一軒です。

LUNCH MENU
¥2,160〜

a……………… ¥2,160
［スープ・前菜・メイン・デザート・ドリンク・パン］

b……………… ¥3,780
［スープ・前菜・メイン（2皿）・デザート・ドリンク・パン］

＊ランチ営業は金・土・日曜のみ

水本香里のちょっとおいしい話

ワインはパリの自然派マニアがこぞって探し回る、ローヌの巨人、エリック氏のつくるラングロール の品揃えが豊富なのもうれしいですね。

POPULAR DISH!
人気の一品

オープン時から人気のメニュー「穴子をまいたトリュフ風味の焼きリゾット フォアグラのソテー添え」¥2,808

夜メインのビストロ料理店ですが、金・土・日曜限定でランチも行っています。お得ですので、ぜひこの週末3日間を狙っていらしてください。

オーナーシェフ 村上　智章

住　札幌市中央区南3条西9丁目1000-6 イオ南3条ビル1F
☎　011-232-0620
営　D/18:00〜22:00（LO21:00）
　　※ランチ営業は金・土・日曜のみ
　　11:30〜14:30（LO13:30）
休　月曜（祝日の場合は営業、翌火曜休）、ほか月1回火曜
席　14席

予　必要
夜　¥5,000〜
喫　全席禁煙
P　あり（1台・無料）
C　不可
交　地下鉄東西線「西11丁目」駅3番出口から徒歩4分

JAPANESE

野菜の炊き合わせや炭火で焼いた池田牛などが楽しめる「蘭」¥3,800。ゆっくり・しっくりと味わいたい逸品が揃う、贅沢なランチコース

TAKU円山
タクまるやま

白壁をベースにした店内は、木目調のカウターと自然木を使ったテーブルが並ぶおしゃれな造り

道内で獲れたタコの煮付けとニンジン、ヤーコン、ゴボウなどの根菜を組み合わせた先付（蘭・¥3,800 より）

和食のエッセンスを生かした
スタイリッシュな日本料理

円山の住宅街にひっそりと佇む日本料理人気の一軒。北海道産の食材にできる限りこだわり、野菜は代表の渡辺卓也さんのご実家のあるニセコなどから新鮮なものを仕入れています。魚介類や肉類も道産素材が中心。料理長の和田さんは「その素材の持ち味を一番引き立つ調理法は何か。いい素材を手にするたび、いつもそう考えています」と語ります。そんな和食の言葉通り、和食の域にとどまらない自由なスタイルで作り上げる一皿は新鮮な驚きを与えてくれます。

ランチもディナーも懐石料理のコースが中心。富良野の作家に特注したという備前焼の器に盛り付けた料理長の工夫の逸品が心ゆくまで楽しめます。目にも鮮やか、そして口の中で広がる幸せ。一つ一つゆっくりと味わいたび、いつもそう考えたくなる、そんなお店です。

LUNCH MENU
¥2,700〜

蘭……………¥3,800
[先付・野菜八寸・主菜・お造り・握り寿司・甘味・コーヒー]

椿……………¥2,700
[先付・野菜八寸・握り3貫・ひやむぎ・天麩羅・甘味・コーヒー]

おまかせ懐石………¥5,400
[前菜・お造り・お椀・野菜八寸・魚料理・凌ぎ・肉料理・握り寿司・甘味・コーヒー]

水本香里のちょっとおいしい話

料理長の和田さんは奥尻島の出身で、海産物はもちろん奥尻町のワインが飲めることも楽しみの一つ。ソムリエがいるので、迷った時は、ぜひ相談を。

POPULAR DISH! 人気の一品

季節ごとに楽しめる生ひやむぎは秋以降は温かい「つけ麺」に。キノコ5種の旨味がダシに凝縮（椿・¥2,700 より）

オープンキッチンになったカウターの席にお座りいただくと、「和」の一品が完成していくまでのプロセスを目の前で見ることができます。

料理長 和田 勇人

住 札幌市中央区北1条西27丁目1-7
☎ 011-615-2929
営 L／11:30〜15:00(LO14:00)、D／17:30〜23:30(LO22:30)
休 火曜・第1月曜
席 27席
予 したほうがよい
夜 ¥4,320〜

喫 分煙（喫煙スペースあり）
P なし
C 可（VISA・MASTER・AMEX・JCB・その他）
交 地下鉄東西線「円山公園」駅1番出口から徒歩約2分

FRENCH

日本各地のものはもちろん、ヨーロッパからも厳選した旬の食材をふんだんに使ったシェフこだわりのおすすめコース「Menu chef」¥3,240

キュイジーヌ　アーバン　リアン
cuisine urbaine lien

白を基調とした店内はテーブル席とカウンター席を用意。落ち着いた雰囲気でゆったりと食事が楽しめる

前菜の「軽く〆た真サバのあぶり大根のサラダと柿のシャーベット添え」（Menu Special ¥4,860より一例）

札幌 至福の上等なランチ　066

伝統的なフレンチの技法を守る
繊細なフランス料理が楽しめる

フランス語で「つながり」を意味する店名は、食材は道産をはじめ、日本全国や海外からも仕入れています。フレンチになじみのないゲストも満足できるよう、メニューは季節の素材を使ったおすすめコースのみ。味わうごとにうれしい驚きが感じられる一皿が楽しめます。10名以上のグループの場合、貸し切りの利用も可能。気心知れた友人との楽しいランチタイムを過ごすにも最適なお店です。

というシェフの木下さんの思いから名付けられました。「料理を通じて新しいつながりをつくっていきたい」という思いを込めた料理は、シェフのインスピレーションとクラシックな技法を組み合わせた正統派のフレンチ。その繊細な味わいには訪れるたび、感動を覚えます。

「人と人とのつながりを大切にしたい」

LUNCH MENU
¥2,592〜

Menu Saison……¥2,592
[前菜・スープ・メイン・デザート・コーヒーor紅茶・茶菓子]

Menu chef………¥3,240
[アミューズ・前菜・スープ・魚料理・肉料理・デザート・お茶・茶菓子]

Menu special……¥4,860
[アミューズ・前菜1・前菜2・スープ・魚料理・肉料理・口直し・デザート・お茶・茶菓子]

＊ランチ営業は水曜休

水本香里のちょっとおいしい話

完全予約制ならではのプライベート感もあり、シェフとも気軽にお話を楽しむことができます。大切なゲストをおもてなしする際に利用するのもおすすめです。

POPULAR DISH! 人気の一品

ヘルシーな鹿肉とフォアグラを包んだ「エゾ鹿肉のビール煮とフォアグラのキャベツ包み」（Menu Special ¥4,860よりメイン一例）

「こんな料理が食べたい」や「食材を変更したい」といったリクエストにも対応できます。肩肘張らない気軽なフレンチを楽しんでください。

オーナーシェフ　木下　雄介

住 札幌市中央区大通西20丁目3-10 MOR20
☎ 011-641-4870
営 L／12:00〜15:00(LO13:00)、D／18:00〜22:00(LO20:00) 水曜は18:00〜22:00(LO20:00)
休 火曜
席 12席
予 必要
夜 ¥5,000〜
喫 全席禁煙
P なし
C 可(VISA・MASTER)
交 地下鉄東西線「西18丁目」駅1番出口から徒歩3分

CHINESE

肉や魚など週替わりで提供される料理4品から3品が選べる「Bセット」¥1,000。四川や広東など色々なジャンルの味をどうぞ

中国料理 侑膳
ちゅうごくりょうり ゆうぜん

人気メニューの一つ「マーボー豆腐」¥1,200 は、日本の四川料理の父と呼ばれる、陳健民氏直伝の逸品

温かさを醸し出す茶色を基調にした店内。テーブル席のほかに円卓も用意し、団体での利用にも対応

数々の名店で腕を磨いてきた
シェフが作り上げる本格派中華

JR新川駅からほど近い場所に位置する「中国料理 侑膳」は、本格派の中国料理が味わえる隠れた名店。小樽出身のオーナーシェフ・海老さんは、四川料理の名店「赤坂四川飯店」で四川料理を、香港の有名店「福臨門魚翅海鮮酒家」で広東料理・点心を学び、「天外天」の料理長を経て、2001年に同店をオープンしました。

場所柄、年配の方やファミリーが訪れることが多く、料理はいずれも本場の味をベースに優しい味わいで仕上げているのが特長。「マーボー豆腐」など本場の味で食べたいというリクエストにも応じてくれます。現在でも中国に渡り、技術や食材の研究を続けているという海老さん。本格派中国料理を気軽に楽しめる一軒です。

LUNCH MENU
¥850〜

Aセット…………¥850
［週替わりの料理4品から2品・スープ・デザート・コーヒー］

Bセット…………¥1,000
［週替わりの料理4品から3品・スープ・デザート・コーヒー］

＊セットはご飯おかわり自由
＊ランチメニューの麺またはチャーハンは単品価格にプラス¥200でザーサイ・唐揚げ・バンバンジーと麺の場合はライスor杏仁豆腐、チャーハンの場合はスープ付

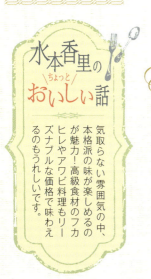

水本香里のちょっとおいしい話

気取らない雰囲気の中、本格派の味が楽しめるのが魅力！高級食材のフカヒレやアワビ料理もリーズナブルな価格で味わえるのもうれしいです。

POPULAR DISH! 人気の一品

具だくさんのあんがかかった「五目おこげ」¥1,600。揚げたてのおこげに熱々のあんをたっぷり絡めて味わって

単品料理はもちろん、夜のコースは¥3,000からご用意しています。中国料理の本場である四川や広東の味を、ぜひ当店で楽しんでください。

オーナーシェフ 海老 祐司

住 札幌市北区北33条西12丁目4-16
☎ 011-708-0509
営 L／11:30〜14:30(LO)
　 D／17:00〜21:00(LO)
休 水曜
席 40席
予 したほうがよい
夜 ¥1,100〜

喫 全席喫煙可
P あり（6台・無料）
C 不可
交 JR「新川」駅から徒歩7分、地下鉄南北線「麻生」駅5番出口から徒歩10分

ITALIAN

定番からオリジナルメニューまで5
種類の中から好みのパスタが選べる
「パスタランチ」¥950～¥1,580。
日替わりの前菜やドリンクがセット

トラットリア　カルマ
Trattoria Calma

素材の旨味を生かした「本日入荷のお魚の蒸し料理 帆
立とむきえびとホエー豚のにんにくオイル煮込み」¥880

黄色を基調とした店内。壁にはイ
タリアの風景画やかわいいお皿が
飾られ、カジュアルな雰囲気

シンプルなイタリアンを心がける麻生エリアの注目イタリア料理店

イエローやオレンジを効果的に使ったカジュアルな店内で、札幌の人気イタリアンで長年腕を振るってきたシェフの松田さんが手がける確かなおいしさの一皿が楽しめる一軒。

ありながら滋味が溢れる上質なイタリアンになっています。ランチコースはお店自慢のパスタやフワフワの食感がたまらない自家製パンなどが魅力の「パスタランチ」(950円～)と、シェフこだわりのメインディッシュが味わえる「スペシャルランチ」(1830円～)の二つを用意。豊富なイタリアワインも楽しむこともできます。

「分かりやすく素材を感じられるイタリアンを食べてもらいたい」という松田シェフ。その言葉通り、料理は厳選した食材の持ち味を最大限に引き出しており、シンプルで

LUNCH MENU ¥950～

パスタランチ
……¥950～¥1,580
[前菜・パスタ・自家製パン・ドリンク]

スペシャルランチ
……¥1,830～¥2,460
[前菜・パスタ・自家製パン・メイン・ドリンク]

水本香里のちょっとおいしい話

ランチは自慢のパスタを中心に前菜やメイン料理を組み合わせたコースを、ディナーはアラカルトを中心にイタリアワインが楽しめる一軒になっています。

POPULAR DISH! 人気の一品

マスカルポーネチーズを使い、しっとり食感に仕上げた特製のドルチェ「マスカルポーネのチーズケーキ」¥450

食材の旨味を引き立てるようなシンプルなイタリアンをご提供しています。明るい雰囲気の店内でくつろぎながらパスタを楽しんでください。

シェフ 松田 操

住 札幌市北区北36条西4丁目2-5 第二泊ビル1F
☎ 011-594-8290
営 L／11:00～15:00(LO14:30)、D／17:00～22:00(LO21:30)
休 日曜
席 28席
予 したほうがよい
夜 ¥3,000～
喫 分煙(11:00～15:00まで禁煙)
P あり(3台・無料)
C 可(VISA・MASTER・AMEX・JCB・その他)
交 地下鉄南北線「北34条」駅1番出口から徒歩3分

FRENCH

ランチコースから「パスタガレット」¥1,080。ベシャメルソースの中に、キノコ、チキン、パスタが入り、ガレットで巻いたトロッとした味わい

ダニーズ レストラン
Dany's Restaurant

白を基調とした開放的な店内。「本場フランスのお店に来たみたい」と言われることも多いそう

7種の具材をクレープで重ねた、彩り鮮やかな「クレープサンド」¥1,080

札幌 至福の上等なランチ　072

世界一のガレット職人が作る
道産そば粉を使ったガレット

北海道産のそば粉を使用したガレットが味わえる専門店。オーナーシェフのフェック・ダニーさんは数々のコンクールで賞を獲得した、超一流のガレット職人。東京のガレッテリア「ル・モンサン・ミッシェル」の立ち上げのために来日し、その後同店を東京ミシュランに掲載されるまでの名店に育てあげました。

自身のお店をオープンさせたのは2013年。そば粉をはじめ野菜や水産・畜産品など道産食材にほれ込み、お店を通じてその魅力を伝えたいという思いがきっかけとなりました。水と塩のみで作る本格ガレットをはじめ、クレープやダニーさんの故郷であるブルターニュ地方の郷土料理など、ほかでは味わえないメニューがズラリ。確かな技術と豊かな発想が作り出す驚きの一皿を、ぜひ味わってみて。

LUNCH MENU
￥1,080～

ランチコース………￥1,080
[ガレット・サラダorスープ・ドリンク]

クレープサンド……￥1,080
[クレープサンド・ライス・スープorサラダ・ドリンク]

オムレツセット……￥2,138
[ガレット(7種類から1種)・オムレツ]

水本香里の ちょっと おいしい話

定番のガレットのほか、ダニーさんのアイデアが詰まったオリジナルメニューも数多く用意しています。伝説のガレット職人が作る本場の味わいを楽しんで。

POPULAR DISH!
人気の一品

「オムレツ」￥1,404は「ル・モンサン・ミッシェル」で人気の味を再現。口の中で溶けるような、フワフワ食感は絶品！

私の焼くガレットに使用するそば粉は100%道産品。北海道のそば粉で作る本場フランスのガレットをぜひ食べに来てください。

オーナーシェフ フェック・ダニー

住 札幌市中央区大通西18丁目2 小島ビル1F
☎ 011-615-4420
営 L／11:30～15:00(LO14:20)、D／17:00～21:30(LO21:00)、日・月曜はランチのみ11:30～15:00(LO14:20)
休 不定休
席 40席
子 不要
夜 ￥2,000～
喫 分煙(ランチタイムは禁煙、ディナーは全席喫煙可)
P あり(3台・無料)
C 可(VISA・MASTER・AMEX・JCB・その他)
交 地下鉄東西線「西18丁目」駅3番出口から徒歩2分

JAPANESE

和食が中心のメニューがズラリ80種。サラダやスイーツなどを豊富に用意しているのも魅力。お得な飲み放題プランもあり

つるが　ビュッフェダイニング　さっぽろ
鶴雅 ビュッフェダイニング 札幌

特注オーダーメニュー「雅皿」より、絶妙な火加減でやわらかく仕上げた「蝦夷あわびの鉄板焼き」¥1,000

鶴雅グループの旅館をテーマにした個室も用意。4名から団体まで、幅広いシーンで利用できる（写真は北天の丘）

老舗旅館のおもてなしの心が詰まった
質の高いビュッフェダイニング

北海道の郷土色を最大限に生かした調理法で提供。「北海道ループ」が札幌に初めての展開する「鶴雅グループ」が札幌に初めてのビュッフェをオープン。「趣のある上質な宿のように、心からくつろいでいただける雰囲気づくりを心がけています」と話すのは大西希取締役。料理、サービス、店内の雰囲気など、一つ一つに高級旅館ならではのおもてなしの心が感じられます。

料理は旬の道産食材を、素材の持ち味を生かした調理法で提供。「北海道の今を味わう」をテーマにした約80種類のメニューがズラリと並びます。揚げたての天ぷらや寿司職人が握る寿司、熱々のステーキなどオープンキッチンで仕上げた、できたての料理は特に人気。ご飯はもちろん道産米を使用。毎朝精米し、羽釜で炊いたふっくらツヤツヤのご飯は絶品です。

LUNCH MENU
¥2,400～

ランチビュッフェ(90分制)
.......................大人 ¥2,400
.......................4歳～小学生 ¥1,200
.......................3歳以下 無料

ランチタイム飲み放題
.......................¥1,200

ディナービュッフェ
(※混雑時のみ120分制)
.......................大人 ¥4,200
.......................4歳～小学生 ¥2,100
.......................3歳以下 無料

＊個室利用の場合、席料1名500円別途(要予約)

水本香里の ちょっと おいしい話

実はお酒が充実しているのも特徴。ワインや日本酒の飲み比べセットもあります。ワインの企画なども積極的に行う予定ですので、お楽しみに！

POPULAR DISH! 人気の一品

オープンキッチンで揚げ立てを提供する天ぷら。季節の素材をランチでは常時4種を用意。熱々の状態で味わえる

おかげさまでたくさんのお客さまにお越しいただいています。テーブル席のほか個室もありますので、お子さま連れの方もお気軽にご利用ください。

取締役 大西 希

- 住 札幌市中央区北2条西4丁目1 札幌三井JPビルディング (赤れんが テラス) 2F
- ☎ 011-200-0166
- 営 L/11:00～15:00(最終入場14:00)、D/17:00～22:00(最終入場21:00)
- 休 無休
- 席 193席
- 予 不要
- 夜 ¥4,200～
- 喫 全席禁煙
- P あり(施設P・食事利用で2時間無料)
- C 可(VISA・MASTER・AMEX・JCB)
- 交 札幌駅前通地下歩行空間4番出口直結

FRENCH

「サヴールランチ」¥2,160 より、菊芋のポタージュ・葉っぱと花のサラダ・黒豚のロースグリル・ハスカップのムースグラッセ（料理は一例）

ほっかいどうのフランスりょうり　サヴール
北海道のフランス料理 Saveur

温かな雰囲気のビストロ風店内。カウンターからは、ライブ感たっぷりの"北海道フレンチ"が生まれる

肉の旨味が凝縮した「足寄町短角牛肩ロースグリル」（スペシャルランチ¥4,860 よりメイン一例）

札幌 至福の上等なランチ　076

オープンキッチンが生み出すライブ感満載の"北海道フレンチ"

熱いライブ感いっぱいの北海道食材をふんだんに使ったフレンチを、アットホームな雰囲気溢れるお店で味わえます。フランス料理店では珍しいフルオープンのカウンターキッチンは、まるでシェフのライブステージを見ているような気分に。箱根、フランス、東京、そして札幌の有名店で修業を重ねたシェフが作る、食の宝庫北海道ならではの一皿が美食女子の心を掴んでいます。

支持を集めています。一番人気の定番料理が「クネル〜北海道〜」。フランス・リヨン地方の郷土料理クネルをベースに、北海道ならではのアレンジをシェフ流に施した一品。季節の白身魚とホタテのムースをベースに、甘エビやタラバガニを練り込み、甘エビのミソをたっぷりと使用。アメリケーヌソースをかけて熱々のグラタン仕立てにしています。

LUNCH MENU
¥2,160〜

サヴールランチ……¥2,160
［アミューズブーシュ・季節のポタージュ・季節の野菜とお花のサラダ・メイン（数種からチョイス）・デザート・カフェ］

スペシャルランチ…¥4,860
［アミューズブーシュ・季節のポタージュ・オードブル（数種からチョイス）・クネル〜北海道〜or魚料理・肉料理・デザート（数種からチョイス）・茶菓子・カフェ］

水本香里のちょっとおいしい話

フレンチならではの奥深い味わいをベースに、北海道ならではの食材を使い、現代風にアレンジしたビストロ料理が「サヴール」の魅力です。

POPULAR DISH!
人気の一品

白身魚とホタテのムースに甘エビやタラバガニ、生ウニなど海の幸が詰まった「クネル〜北海道〜」¥3,000

「サヴール」とは味わい・風味を意味します。料理を通して、お客さまに幸せなひとときを味わっていただけるよう、厳選した食材を使っています。

オーナーシェフ 金田 二朗

住 札幌市中央区南3条西3丁目 第六桂和ビル2F
☎ 011-522-9208
営 L／12:00〜15:00(LO13:30)、D／18:00〜23:00(LO21:00)
休 火・水曜（祝日の場合は営業）※2015年4月より日曜に変更（予定）
席 20席
子 したほうがよい
夜 ¥5,800〜
喫 全席禁煙
P なし
C 可（VISA・MASTER・AMEX・JCB）
交 地下鉄南北線「すすきの」駅1番出口から徒歩1分

ITALIAN

定番の「マルゲリータ」をはじめとする、本格的なナポリピッツァとサラダやドリンクがセットになったお得なコース「ナポリピッツァランチ」¥1,500

ピッツェリア　ダルセーニョ　ドゥエ
Pizzeria Dalsegno II

ナポリ産の水牛のモッツァレラチーズを使用した「ヴェラーチェ」（ナポリピッツァランチ ¥2,150 より）

ナポリの材料で組み立てたピザ窯が印象的な店内。カウンター席やテーブル席で焼き立てのピッツァを堪能

札幌 至福の上等なランチ

本格ナポリピッツァを楽しめる
札幌で人気イタリアンの大通店

札幌東区で20年余りにもなる薪窯で焼き上げたピッツァを提供し続けてきた「ダルセーニョ」が大通店をオープン。耳までおいしく食べられるナポリピッツァを中心に、ナポリの味を楽しむことができます。主なピッツァの材料である小麦、塩、酵母は全てナポリから輸入したものを使用。本物のナポリピッツァを味わえるのが魅力です。ランチでは「マルゲリータ」など、数種類から好みのものを選べる「ピッツァランチ」とパスタランチの二つのコースを用意。本格ナポリピッツァを心ゆくまで堪能できる約450～500です。

LUNCH MENU
￥1,380～

ナポリピッツァランチ
……………￥1,500～￥2,150
［サラダ・ピッツァ（数種類の中から選択）・デザート・ドリンク］

パスタランチ………￥1,380
［サラダ・パスタ（数種類の中から選択）・デザート・ドリンク］

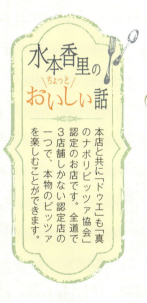

水本香里のちょっとおいしい話

本店と共に「ドゥエ」も「真のナポリピッツァ協会」認定のお店です。全道で3店舗しかない認定店の一つで、本物のピッツァを楽しむことができます。

POPULAR DISH!
人気の一品

高温のピザ窯で一気に焼きあげるイタリア風厚切りローストポークの「石狩当別産黒豚のボルケッタ」￥1,400

店名にもなっていますが、ピッツァがメインのお店です。焼き立て熱々、本場のナポリピッツァをお腹いっぱい味わってください。

ピッツァ職人　吉田　健悟

住	札幌市中央区南2条西1丁目17 DAIICHIYA RISEビル1F
☎	011-213-1335
営	L／11:30～14:30(LO)、D／17:30～22:00(LO)
休	不定休
席	30席
予	したほうがよい
夜	￥4,000～
喫	分煙（11:30～14:30は禁煙）
P	なし
C	可（VISA・MASTER）
交	地下鉄「大通」駅34番出口から徒歩1分

FRENCH

人気の「ちょっぴりリッチに。ご褒美ランチ」¥2,800は、前菜、スープ、メイン料理（肉or魚）、パン、食後のドリンク、デザート付き

キャトル　ヴァン
Quatre Vents

南仏をイメージさせる雰囲気の店内。窓から見える白樺林が四季の移ろいを感じさせてくれる

ビーフシチューを囲むように彩る野菜やフルーツが華やかな「ミラクルビーフシチュー」¥4,000（要予約）

札幌 至福の上等なランチ　080

心地よい風が吹き抜ける
緑の中の記念日レストラン

「キャトルヴァン」は、フランス語で「4つの美味しいもの」を意味する言葉です。オーナーシェフの廣中さんが、訪れるゲストに「いい風が吹きますように」との願いを込めて、この店名を付けたそうです。

廣中シェフが大切にしているのは、季節感と食材本来の持ち味を生かすこと。そして地元の農家や漁師、猟師の方たちとのネットワークを築き、安心。大切な人と特別なひとときを過ごすのにぴったりな一軒です。

新鮮な北海道の"美味しいもの"を使った一皿がいただけます。お店はJRほしみ駅から徒歩10分ほどの場所にありながら、窓からは白樺林が見える豊かな緑に囲まれています。そのロケーションのよさから、記念日や誕生日などの会食やレストランウエディングなどの利用も多いそう。

LUNCH MENU
¥1,800〜

ちょっぴりリッチに。
ご褒美ランチ………¥2,800
[前菜・スープ・メイン・パン・デザート・食後のドリンク・小菓子]
＊プラス¥800でフルチョイス可

ハレの日のお祝いランチ
…………¥5,000〜10,000
[前菜・スープ・魚料理・肉料理・デザート・食後のドリンク・小菓子]
＊要予約

メルシーランチ……¥1,800
[前菜・メイン・デザート・食後のドリンク]

POPULAR DISH!

記念日メニューのオプションとして人気の「プチケーキプレート」¥1,000。誕生日などの演出に最適

「大浜みやこかぼちゃ」や銭函で獲れた魚介、近くの山で獲れたエゾシカなど、料理は地のものを使い、季節感を大切にしています。

オーナーシェフ 廣中 史夫

水本香里のちょっとおいしい話

廣中シェフは食育に熱心で、無添加の子ども用メニューのほかにも、親子料理教室を開催し、料理を通じて食の大切さを子どもたちに教えています。

住 札幌市手稲区星置3条9丁目10-11
☎ 011-676-4116
営 L／11:55〜15:00、D／18:00〜21:00
休 火・水曜(祝日の場合は営業)
席 24席
予 したほうがよい
夜 ¥4,000〜

喫 全席禁煙
P あり(8台・無料)
C 不可
交 JR「ほしみ」駅下車、徒歩10分

JAPANESE

エビ2本に4種の野菜と魚介がのったボリュームたっぷりの「特上天丼」¥1,300。プラス¥200でおしんこと味噌汁がセットに

天婦羅 たけうち
てんぷら　たけうち

エビ2本と野菜が4種入った「松天丼」¥800。天つゆにくぐらせるので、あっさりとした味わい

店内はカウンター席のみ。昼はもちろん夜も、複数で利用したい場合は事前に予約するのがおすすめ

札幌 至福の上等なランチ　082

料亭仕立ての技術で揚げる「蝦夷前天ぷら」を楽しむ

北海道の旬の魚介類が全く無いのが特徴。"蝦夷前天ぷら"をリーズナブルに提供する天ぷら屋。

「天ぷらは職人の揚げる技術と油が全てです」と語る店主の竹内さんの技術は「なだ万」での修業時代に培ったもの。道内各地から仕入れた旬の魚介や野菜を、太白ごま油と綿実油をブレンドした油で丁寧に揚げた天ぷらは、繊細で食べた後に感じがちなもたれ類を使った"蝦夷前天ぷら"をリーズナブルか、昼夜問わず、ご年配の方もよく訪れるそうです。

昼の天丼は、天ぷらをまず味わって欲しいとの思いから、ご飯は少なめにし、ネタは多めにしているのが特長。夜はカニやホタテ、ウニなど北海道ならではの天ぷらをコース仕立てで楽しみながら店主の竹内さんが厳選したお酒と共に味わってください。

LUNCH MENU
¥500〜

松天丼…………¥800
[エビ2本・野菜4種]

特上天丼………¥1,300
[エビ2本・魚介1種・野菜4種]

野菜天丼………¥500
[野菜5種]

水本香里のちょっとおいしい話

ランチの丼ぶりもおいしいのですが、「たけうち」の天ぷらの神髄を楽しみたいなら夜がおすすめ。揚げ立ての天ぷらをお好みの薬味で楽しめますよ。

POPULAR DISH! 人気の一品

エビをはじめ約10種類の天ぷらが楽しめる夜の「華コース」は¥3,500。締めは天丼、天茶、天バラから好みのものを

おいしいものを食べると心が元気になります。そういった気持ちを私が揚げた天ぷらを食べて感じていただければうれしいですね。

店主 竹内 収

住 札幌市中央区南1条西13丁目4-62 ベストール南大通B1F
☎ 011-887-8139
営 L／11:00〜14:00、D／17:00〜22:00
休 日曜、祝日
席 9席
予 したほうがよい
夜 ¥4,000〜
喫 分煙（11:00〜14:00まで禁煙）
P なし
C 不可
交 地下鉄東西線「西11丁目」駅2番出口から徒歩5分

FRENCH

メインの魚料理とパスタのほか、サラダ、前菜5点盛り合わせなど、ボリューム満点の「ランチコース」¥1,533。自社農園の野菜もたっぷり！

ビストロ　ヴァンサンク
Bistro 25 Vingt-Cinq

「シェフのお任せコース」¥2,700のメインより「道産豚肩ロースのブレゼ 農園北あかりのマッシュポテト添え」

グリーンとブラウンを基調にした店内。奥のスペースには当別町の自社農園の写真が展示されている

自社農園直送野菜で作る
ビストロ料理を気軽に味わう

フレンチレストランやホテルで修業し、特に夏から秋にかけては、色とりどりの野菜を使った、目にも鮮やかな料理を味わうことができます。

肘張らずにおいしいものを楽しんでもらいたいと2011年5月にオープンしたビストロ同店で使用している野菜は当別町の自社農園で栽培した安心・安全なもの。アスパラやトマト、ズッキーニなどの野菜をはじめ、米や小麦まで自社で栽培したものを使用しているお店です。

店の会社の経営にも携わった伊藤さんが、肩肩らずにおいしいものを楽しんでもらいたいと2011年5月にオープンしたビストロ。

ランチはセットメニュー885円から、ディナーのアラカルトもリーズナブルでボリュームたっぷりなのが魅力です。ワインはグラス500円、ボトルも2100円から用意。ゆっくりとワインを傾けながら、楽しいひとときを過ごせるお店です。

LUNCH MENU
¥885～

Aセット............¥885～
[本日のパスタorリゾット(5種から選択)・サラダ・ドリンク]

Bセット............¥1,296
[本日のスープ・サラダ・メイン(肉)・ドリンク]

ランチコース........¥1,533
[前菜・サラダ・パスタ・メイン(魚)・デザート・ドリンク・パン]

POPULAR DISH!
人気の一品

大ぶりのエビやホタテなどがたっぷりと入った夜のアラカルト「旬の魚介のスープ仕立てブイヤベース風」¥1,836

水本香里のちょっとおいしい話

お店のオープン記念日である毎月25日は特別コース料理を提供しています。アミューズからデザートまで8皿が2700円で味わえてお得ですよ。

フレンチは奥深いと共に裾野も広いと思っています。記念日の利用はもちろんですが、普段使いできるお店づくりを目指しています。

店主　伊藤　勝規

住 札幌市中央区南2条西5丁目
　　ロジェ札幌25 1F
☎ 011-596-8725
営 L／11:30～14:30(LO14:00)、
　　D／17:30～23:30(LO22:30)
休 不定休
席 38席
予 したほうがよい
夜 ¥4,000～

喫 分煙(喫煙30席、禁煙8席)
P なし
C 可(VISA・MASTER・AMEX・JCB・その他)
交 地下鉄「大通」駅1番出口から徒歩5分

JAPANESE

いつ来ても楽しめるよう、毎日3種類を用意している日替わり定食。写真は白老和牛を使った「土鍋すき煮定食」¥1,200。寒い時期にぴったり

料理屋K
りょうりやケー

江戸前の「鮨御膳」¥1,200（日曜・数量限定）。寿司飯に赤酢を使用し、煮切り醤油でいただく

BGMにジャズが流れる、白を基調とした店内。12名から貸し切りにも対応している（最大18名）

一期一会の一皿に出合える
立場割烹の和食料理店

「料理屋K」は、京都と札幌で修業した店主の川村さんが2011年に開業した立場割烹の和食料理店です。同店では、夜は定番メニューのほか、ゲストからのリクエストから生まれる料理も数多くあります。「できませんということは私の料理人としての意志に反します」と語る川村さん。全18席の店内は、ランチタイムにはすぐに満席となるほど、人気に。定食は理人として燃えるのだそう。「和食以外の料理、この次いつ食べられるかわからない料理もありますよ」。素敵な料理との一期一会が楽しめるお店です。

昼の定食は日替わりで3種類を用意。全18席の店内は、ランチタイムにはすぐに満席となるほど、人気に。定食は材料が無くなり次第終了なので、12時過ぎにはもう売り切れになってしまうことも。「立場割烹」というスタイルをとっているお店です。

LUNCH MENU
¥800〜

日替わり定食3種(月・火・木・金曜)
................¥800〜
[メイン料理・ご飯・小鉢・味噌汁(赤出汁)]

鮨御膳(日曜限定)……¥1,200
[握り8貫・小鉢・魚介のあら汁]

POPULAR DISH!
人気の一品

天然の真ダイの骨でダシを取り、タイの身とゴボウを具に炊き上げた「土鍋鯛めし(一合)」
¥1,350

お客さまのリクエストに合わせたお料理も提供しています。3日前までの予約で、フグやスッポン、ハモなど専門料理もお出ししています。

店主 川村 敏久

水本香里の ちょっと おいしい話

店主の川村さんは、実はAIR-G'(FM北海道)の中田美知子さんの娘さんの旦那さん。なので、お店には放送関係のお客さまも多いんですよ。

住	札幌市白石区東札幌2条1丁目3-24
☎	011-795-0061
営	L/11:30〜13:30(LO) D/17:00〜23:00(LO22:00)
休	水曜(祝日は夜のみ営業)
席	18席
予	昼は不可、夜は必要
夜	¥4,500〜
喫	分煙(11:30〜13:30まで禁煙、ディナーはカウンター6席禁煙)
P	あり(10台・無料)
C	可(VISA・MASTER・AMEX・JCB・その他)
交	地下鉄東西線「東札幌」駅2番出口から徒歩3分

ITALIAN

メインのパスタは週替わりで2種からチョイスできる「プランツォピッコロ」¥1,620。写真は爽やかな酸味が魅力の「スパゲッティ レモンソース」

GENOVESE
ジェノベーゼ

手打ちのショートパスタが楽しめる「プランツォメディオ」¥2,160。写真は「コルセッティのクルミのソース」

シックな内装で"大人のイタリアン"な雰囲気。奥行きのあるカウンター席のほか、テーブル席も用意

レストラン使いとバル使い
2つの楽しみ方ができる一軒

オーナーシェフのジュウリオさんの陽気で気さくな人柄、そしてこの道30年以上の確かな腕がこのお店の最大の魅力。たくさんのファンが訪れては、楽しいひとときを過ごしています。料理は素材の持ち味を生かしたシンプルな正統派イタリアン を提供。ランチタイムはパスタを中心とした2つのコースと肉料理をメインとしたコース（要事前予約）を用意。いずれもしっかりボリュームがあり、人気となっています。「きちんと食事ができるレストラン、お酒とおつまみが楽しめるバル、両方とも大事にしたい」というジュウリオさん。その言葉通り、ディナータイムは、コース料理はもちろん、黒板に書かれたアラカルトメニューも豊富。イタリア産のワインと共に気軽に"美味な一皿"が味わえます。

LUNCH MENU
￥1,620～

プランツォピッコロ ￥1,620
［前菜盛り合わせ・サラダ・パスタ・デザート］

プランツォメディオ ￥2,160
［前菜盛り合わせ・サラダ・コルゼッティのくるみのソースorその日のショートパスタ・デザート］

マーレコース ￥3,240
［魚の前菜・前菜盛り合わせ・パスタ・肉料理・デザート］

水本香里の ちょっと おいしい話

「プランツォメディオ」で楽しめるショートパスタでは珍しい種類も登場。平らなパスタ「コルゼッティ」は一度食べるとクセになる食感です。

POPULAR DISH! 人気の一品

夜のアラカルトメニューより「牛と鶏のレバーパテ」￥1,080。ワインと共にいただきたい、絶品の一皿

クオリティの高い食材を使った料理を提供できるよう心がけています。ランチタイムもワインを用意しているので気軽に楽しんでください。

オーナーシェフ ジュウリオ・ヴィエールデ

Genovese
ジェノベーゼ
Bar e Ristorante
OPEN
11:30～14:00

住 札幌市中央区南3条西8丁目 タシロビル1F
☎ 011-251-7024
営 L／11:30～14:00（LO13:30）、D／17:30～24:00（フードLO20:30、ドリンクLO23:30）
休 日曜
席 32席
予 不要（特別メニューの場合は要事前予約）
夜 ￥4,000～
喫 分煙（11:30～14:00まで禁煙、17:30～24:00は喫煙15席、禁煙17席）
P なし
C 可（VISA・MASTER・AMEX・JCB・その他）※ランチ時は不可
交 地下鉄南北線「すすきの」駅2番出口から徒歩8分

FRENCH

メインのパスタのほか、サンドイッチやスープなど6品が楽しめる「ランチコース」¥2,160。デザートもボリュームたっぷり

SIO
シオ

コースより「オーブン焼きサラダ」。20種前後の野菜をさまざまな調理法で調理し鉄鍋に詰め込んだ一皿

店内中央に配したオープンキッチンはすべての席から眺められる。躍動感あふれるキッチンライブを体感

シェフの感性から生み出される
自分だけの一皿に感動

和食からフレンチに転身後、東京や道内の有名店で修業した上で作られる料理は、フレンチという枠にとらわれず、調理法はもちろん、食材の組み合わせも独創的。オーナーシェフの佐藤さんが、自由な発想で作るオーダーメイド料理が楽しめる「SIO」。同店は一切決まったメニューが無く、道産のものをはじめ、その日届いた旬の食材を佐藤さんがイマジネーションを膨らませ「今日味わえる最高の料理」をゲストのために用意。予約時に予算や好みの食材を伝えてはいかがでしょうか。

店内はカウンター席と個室がありますが、おすすめはカウンター席。佐藤シェフと語らいながら、ゆったりとお酒と料理を楽しんでみてはいかがでしょうか。

LUNCH MENU
¥2,160

ランチコース……… ¥2,160
［スープ、サンドイッチ、オーブン焼きサラダ、パスタ、デザート、ハーブティー］
＊プラス¥1,000でその日の特選素材（肉or魚）を追加

水本香里の ちょっと おいしい話

ランチで楽しめるハーブティーは全10種と種類が豊富なのが魅力！日替わりで楽しめるのもうれしいです。販売もしているので、おみやげにもおすすめです。

POPULAR DISH!

夜のコースの前菜より「仙鳳趾産カキのポワレ～道産のジャガイモとフロマージュブランのおだやかな酸味」

メニューは置いていませんが、ゲストの要望を取り入れたコースの組み立てをしています。希望の食材やメニューなどは、お気軽にご相談ください。

オーナーシェフ 佐藤 陽介

住 札幌市中央区南2条西23丁目1-1 テイストビル1F
☎ 011-676-9220
営 L／11:30～15:00(LO13:30)、D／18:00～(LO特に設定なし)
休 不定休
席 21席
予 したほうがよい
夜 ¥3,780～

喫 全席禁煙
P なし
C 可(VISA・MASTER・AMEX・JCB・その他)
交 地下鉄東西線「円山公園」駅4番出口から徒歩6分

ITALIAN

数種から選べるパスタまたはピッツァに季節のサラダとパイ（カルツォーネ）、ドルチェ、カフェが楽しめる「ランチコースA」¥1,600

ロカンディーノ　ツィオ　ヴィットリオ
Locandino Zio Vittorio

店内はレンガや木などの天然素材を基調に、窓枠やテーブル枠にアイアンを用いた温かな雰囲気

ランチコースCよりメイン一例「ポルペッティーナディメランザーネ（ナスの揚げ団子リコッタチーズ添え）」

札幌では珍しい
カラブリア州の郷土料理を堪能

「南イタリア・カラブリアす」というシェフの料理は、とても郷土色豊か。生産者のもとを訪れて選んだ野菜など厳選した食材とスパイスを巧みに使った一皿に、訪れるたびに新たな発見があります。ランチコースは3種類あり、1600円と2200円のコースは、メインのパスタとピッツァをセレクトするスタイル。ひと味違うカラブリア産のワインと合わせて楽しんで。

リア地方で修業をした繩繩智広さんが作るカラブリア地方の郷土料理を中心としたイタリア料理が味わえる一軒。特産のハーブや唐辛子を使った煮込み料理や、パスタなどでもマイルドな辛さがあるのがカラブリア料理の特徴。「カラブリア料理をはじめ、イタリアンのベースは家庭料理。食材の良さをストレートに表現しています

LUNCH MENU
￥1,600〜

ランチコースA……￥1,600
［季節のサラダ、パスタorピッツァ、パン、ドルチェ、カッフェ］

ランチコースB……￥2,200
［スープ、前菜盛り合わせ、パスタorピッツァ、パン、ドルチェ2種、カッフェ］

ランチコースC……￥3,500
［スープ、前菜、パスタ、メイン（肉or魚）、パン、ドルチェ3種、カッフェ］

＊ランチメニューCは前日までに要予約

水本香里のちょっとおいしい話

こちらのピッツァは、表面はパリっとしているのに中はモチモチとしていて一度食べるとつい癖になるおいしさ。テイクアウトも可能です。

POPULAR DISH!
人気の一品

カラブリアのチーズ職人が、北海道の新鮮な牛乳で作ったチーズを盛り合わせた「フォルマッジョミスト」￥1,800

イタリア人のオーナーのもとで修業し、カラブリアにも何度も足を運び料理を学びました。肩肘張らずにカラブリア料理をお楽しみください。

オーナーシェフ 繩繩 智広

住 札幌市中央区宮の森3条10丁目3-3 宮の森ステータスビル1F
☎ 011-590-1290
営 L／11:30〜14:00(LO)、D／18:00〜21:30(LO)
休 月・第1火曜（祝日の場合は営業、翌火曜休）
席 29席
予 したほうがよい
夜 ￥4,000〜
喫 全席禁煙
P あり（5台・無料）
C 可（VISA・MASTER・AMEX・JCB）
交 地下鉄東西線「西28丁目」駅2番出口から徒歩15分

JAPANESE

店長が吟味した旬のネタ12貫が味わえる、「すし善」大通店の定番メニュー「旬のおまかせ寿司」¥4,860（お椀、サラダ、デザート付き）

<small>すしぜん　おおどおりてん</small>
すし善 大通店

余市産のミズダコを江戸前の技術でやわらかく仕上げた逸品。タコ本来の風味が堪能できる「煮蛸」¥756

ゆったりと腰かけられる11名のカウンター席のほかに、2〜4名用のテーブル席5つと個室が1部屋

札幌の寿司の名店の味を
より気軽にいただける一軒

札幌で知らない人はいない、寿司の名店「すし善」。円山の本店を含め、4店舗を展開する中の一つが、「大通ビッセ」4階の大通店です。

江戸前寿司の老舗として札幌で40年以上の歴史を持つ"すし善"の味わいを、より気軽に多くの人に味わって欲しいとオープンしました。最高のネタだけを仕入れ、伝統の技を受け継いだ職人が手間ひまをかけて作る握りも魅力です。

寿司。口の中でホロっと崩れる小ぶりのシャリとネタの絶妙な食感は、極上そのもの。ネタは北海道産を中心に、江戸前のネタも揃えています。どれも厳選した鮮度抜群の魚介を仕入れており、生きのいいネタが常に味わえるとファンも多数いるそう。ランチメニューなら1296円（酢橘）からとリーズナブルに楽しめるのも魅力です。

LUNCH MENU
￥1,296〜

酢橘（すだち）………￥1,296
[本日のおすすめ握り寿司（8種）・お椀・サラダ]

柚子（ゆず）…………￥1,836
[本日のおすすめ握り寿司（10種）・お椀・サラダ]

海鮮ちらし…………￥1,836
[ホッキ、甘エビ、マグロ、イカ、ホタテなど10種・お椀・サラダ]

水本香里の
ちょっと
おいしい話

魚卵が大好きなので数の子や"からすみ"をよく注文します。からすみは冬から春の限定ですが、生のボラの子を仕入れて自家製で作るので最高ですよ。

POPULAR DISH!
人気の一品

ランチでももちろんお好みで楽しめる（写真左より、カズノコ1貫￥1,296、コハダ1貫￥324、アナゴ1貫￥540）

寿司は生きものだと思います。とにかく繊細なものなので、いつでも「すし善の寿司」を味わっていただけるように惜しみなく精進しています。

寿司責任者　酒井　博幸

住 札幌市中央区大通西3丁目7 北洋大通センター（大通ビッセ）4F
☎ 011-207-0068
営 L／11:00〜15:00(LO14:00)、D／17:00〜22:00(LO21:00)
休 水曜
席 37席
予 必要
夜 ￥8,000〜
喫 全席禁煙
P なし
C 可（VISA・MASTER・AMEX・JCB・その他）
交 地下鉄「大通」駅直結

FRENCH

山わさびとレモンがアクセントの「真鱈の蒸し焼き、バターの香りで包んだ数種の大根、牛筋、山わさびとレモンのコンフィ」（¥3,456 のコース）

レストラン　ミヤヴィ
Restaurant MiYa-Vie

ムクの木などの自然素材を使う白を基調とした店内。半個室になっておりプライベート感があるのも魅力

「蝦夷鹿腿肉のロースト、牛蒡のピューレ、干し柿、ナバナとトレヴィスの苦み」（¥6,264 のコースより）

札幌 至福の上等なランチ　096

LUNCH MENU
¥2,052〜

¥2,052のコース‥‥¥2,052
[プティブシェ・前菜・メイン（魚料理）・デザート・コーヒー]

¥3,456のコース‥‥¥3,456
[プティブシェ・アミューズ・前菜・魚料理・肉料理・デザート・コーヒー・小菓子]

¥6,264のコース‥‥¥6,264
[プティブシェ・アミューズ・前菜2品・魚料理2品・肉料理・デザート・コーヒー・小菓子]

＊ランチ営業は水曜休

日本人の感性を存分に生かした五感を使って味わいたいフレンチ

南円山にある和の繊細さを大切にしているフレンチレストラン。オーナーシェフの横須賀さんは、フランスでの修行後に道内のホテルでフレンチを愛する横須賀さんならではのフレンチを提供しています。ランチは2052円から6264円の3コースを用意。その時期で一番旬の食材を使った一皿を味わえるほか、ワインセラーで取り揃えているフレンチワインを楽しむこともできます。「日本人だからこそできるフレンチ」がモットー。フランスでの修行時代に自覚した日本人としての繊細さを大切に、日本の食文化を愛する横須賀さんならではのフレンチを提供しています。2007年に同店をオープンしました。幼い頃から親しんできた上富良野の野菜の影響もあり、店で使う食材は主に北海道産の物が中心。ほか、全国の旬の食材も使用しています。

水本香里のちょっとおいしい話

「ミニャルディーズ」（小菓子）の特製ケーキは、ゲストが席に着いてから焼きはじめます。1テーブルに丸ごと一本提供されるので、持ち帰りもOK。

POPULAR DISH!

¥6,246コースのデザート一例。栗のクリームを挟んだ蒸しケーキやユズの冷製スープなど季節に合わせて楽しめる

「日本人らしいエッセンスを取り入れたフレンチ」を心がけ、視覚・食感・風味から、どこか懐かしい日本らしさを感じてもらえると思います。

オーナーシェフ　横須賀　雅明

住 札幌市中央区南6条西23丁目4-23 r・blanc 1F
☎ 011-532-6532
営 L／12:00〜13:30（LO）、D／18:00〜20:30（LO）、水曜は18:00〜20:30（LO）
休 火曜・第4水曜
席 28席
予 したほうがよい
夜 ¥5,184〜
喫 全席禁煙
P あり（4台・無料）
C 可（VISA・AMEX・JCB）
交 地下鉄東西線「円山公園」駅4番出口から徒歩10分

ITALIAN

ホタテの旨味が詰まったあっさりした味わいの「噴火湾産ホタテとブロッコリーの塩味のソース」(生パスタランチAコース ¥1,600よりメイン一例)

トラットリア　デッラ・アモーレ
Torattoria Dellamore

「生パスタランチBコース」¥2,500より「あべ鶏腿肉のカリカリソテー 十勝産赤ワインのマッシュルームのソース」

シックなインテリアがモダンな雰囲気を演出。どの席からでも厨房の様子が眺められる

札幌 至福の上等なランチ

宮の森の隠れ家的イタリアンで
絶品の熟成生パスタを堪能

鎌倉の老舗レストランで修業した後、イタリア各地で腕を磨いた後、札幌のイタリアンで活躍した吉川健治さんが、2007年に開いた隠れ家的トラットリア。北海道の食材を料理に取り入れ、季節感のあるメニューを提供しています。

無菌室で熟成させた、ほかでは味わえない香りやもちもちの食感は絶品です。ランチタイムでも日替わりを含め、6種類のソースから選べる「パスタランチ」で生パスタが味わえます。

席はカウンター席とテーブル席がありますが、気さくな吉川さんとの会話も弾むカウンター席がおすすめ。一人で訪れても楽しい時間を過ごすことができる生パスタ。道産小麦ともち米や雑穀など数種類を独自にブレンドし、7日から10日ほど寝かせます。

LUNCH MENU
¥1,600～

生パスタランチAコース
　　　　　　　　　¥1,600
[サラダ・自家製パン・パスタ・デザート・ドリンク]

生パスタランチBコース
　　　　　　　　　¥2,500
[サラダ・自家製パン・パスタ・肉料理・デザート・ドリンク]

＊生パスタランチBコースは14:10以降注文できない場合があり。注文時に要確認

水本香里のちょっとおいしい話

生パスタは卵黄を使ったフィットチーネと卵白を使ったスパゲッティの基本2種ですが、竹炭を練りこんだ生パスタなども楽しむことができます。

POPULAR DISH! 人気の一品

ファットリアビオ北海道のイタリア人チーズ職人が作るチーズなど、幅広い種類のチーズを取りそろえている

北海道産の食材の良さや魅力を伝えられるような料理を目指しています。定期的に料理教室も開催していますので、お気軽にご参加ください。

オーナーシェフ　吉川　健治

住　札幌市中央区宮の森1条4丁目1-21 パナシェ宮の森1F
☎　011-826-6770
営　L／11:30～14:30(LO)、D／18:00～21:00(LO)
休　水曜
席　19席
予　したほうがよい
夜　¥4,200～

喫　全席禁煙
P　あり(3台・無料)
C　可(VISA・MASTER・AMEX・JCB・その他)
　　※ランチタイムは使用不可
交　地下鉄東西線「西28丁目」駅2番出口から徒歩5分

JAPANESE

中トロ、ヒラメ、ウニなど、厳選した季節のネタの握り9貫とミニサラダ、茶碗蒸し、味噌汁が付く人気のメニュー「葵 握り」¥2700

鮨 棗 赤れんが テラス店
（すし なつめ あかれんが テラスてん）

職人との会話を楽しみながら食事できるカウンター席。大きな窓からは四季折々の北海道庁旧庁舎の様子を一望

2つの丼が味わえる「ミニ生ちらしとミニイクラ・カニ丼セット」¥2484。赤れんがテラス店限定メニュー

札幌 至福の上等なランチ

もてなしの心を握りに込める
札幌で急成長の寿司店

のれんをくぐると、威勢のいい声で出迎えてくれる、気持ちのいい店。「鮨棗」は、丁寧に握られる寿司は、シャリとネタのバランスが絶妙。口に入れた瞬間に感動が広がります。ランチから日本酒やワインを楽しむ人も多いそうで、アルコールメニューも豊富に用意しています。「おもてなしの気持ちを大切に、常においしいお寿司を提供しています」と語る、総店長の浦さん。敷居の高さを感じさせない、温かな雰囲気も魅力です。

札幌市内でも人気の寿司店。その4店舗めとなるのが「赤れんがテラス店」です。ネタは毎朝市場に足を運び、ひいきの仲卸店から仕入れています。九州から直送されるネタもあり、全国の選りすぐりのものを用すすきのの本店をはじめ4店舗を展開する、札幌市内でも人気の

LUNCH MENU
¥2,000〜

葵 握り…………¥2,700
［握り9貫・ミニサラダ・茶碗蒸し・味噌汁］

ミニ生ちらしと
ミニイクラ・カニ丼セット
…………¥2484
［ミニ生ちらし丼・ミニイクラ・カニ丼・ミニサラダ・茶碗蒸し・味噌汁］

お昼の旬のおまかせコース
…………¥4,860
［握り6貫・サラダ・小鉢・刺身・焼き魚・味噌汁・デザート］

＊上記の料金は全て税込

水本香里のちょっとおいしい話

気持ちの良いお寿司屋さんランキングがあるとしたら、私の中では断然1位。笑顔とさりげない会話を楽しみに訪れる常連さんも多いそうです。

POPULAR DISH!
人気の一品

揚げた米ナスに特製の田楽味噌をたっぷりとのせて、じっくり焼き上げた「米ナスの田楽」¥648

ランチ営業は「棗」グループで「赤れんが テラス店」が初の試みです。気軽にランチでご利用いただき、夜も足を運んでいただければうれしいです。

総店長 浦 仁

住 札幌市中央区北2条西4丁目1 札幌三井JPビルディング（赤れんがテラス）3F
☎ 011-205-0010
営 L／11:00〜15:00(LO14:30)、D／14:30〜22:30(LO22:00)
休 無休
席 26席
予 可
夜 ¥5,400〜
喫 全席禁煙
P あり（施設P・¥2,000以上の利用で2時間無料）
C 可（VISA・MASTER・AMEX・JCB・その他）
交 札幌駅前通地下歩行空間4番出口直結

ITALIAN

6種のパスタから選べる「Aコース」¥1,400。写真はリコッタチーズの爽やかな口当たりが魅力の「道産豚と日高産リコッタチーズのテルツィーナ風」

トラットリア・ピッツェリア　テルツィーナ

トラットリア・ピッツェリア テルツィーナ

イタリア人の職人が道産牛乳で作ったチーズを使用した「マルゲリータ」(「ピッツァランチ」¥1,600円から)

140年の歴史を持つレンガ造りの店内。天上が高く開放感のある落ち着いた雰囲気になっている

こだわりの道産食材を使う
"北海道イタリアン"がテーマ

サッポロファクトリーのレンガ館にある有名イタリアン店。生産者が一つ一つ愛情を注いで作り上げた旬の食材を使い、食材本来の持ち味を生かした逸品などを用意。テーブル席だけでなく個室もあるためグループ使いにも最適で、その日の気分に合わせてこだわりのメニューを味わえます。さまざまなシーンで"北海道イタリアン"が楽しめるお店です。

ランチコースは1名用のコースをはじめ、2名から注文できるコースやピッツァランチが思う存分堪能できます。「おいしい食材がたくさんある北海道だからこそできる"北海道イタリアン"を提供しています」と語る堀川シェフ。地産地消をモットーにピッツァやパスタなど、こだわりのメニューを豊富に取りそろえています。

LUNCH MENU
¥1,400～

Aコース…………¥1,400
[前菜・パスタ(6種類から)・ドリンク]

Bコース…………¥2,100
[前菜・パスタ(6種類から)・メイン料理・ドリンク]

Cコース……(※2名～)¥1,600
[前菜・ピッツァ・パスタ・デザート・ドリンク]

水本香里のちょっとおいしい話

ピッツァの生地には道産小麦とイタリア産小麦をブレンドしたものを使用。薪窯で焼くことで、小麦の香りをモチモチとした食感とともに楽しめます。

POPULAR DISH! 人気の一品

道産飼料を99.8%使用した白い卵黄の卵「米艶」を使う「音更産『米艶』の白いカルボナーラスパゲティ」¥1,400

食の宝庫ならではの「北海道イタリアン」をお届けしています。スタッフとの距離感の近さも魅力の一つ。ぜひお気軽に足を運んでください。

オーナーシェフ　堀川　秀樹

住 札幌市中央区北2条東4丁目サッポロファクトリーレンガ館
☎ 011-221-3314
営 L／11:00～14:30(LO)、D／17:00～21:00(LO)
休 不定休
席 40席
予 したほうがよい
夜 ¥4,000～

喫 分煙(11:00～14:30まで禁煙)
P あり(1850台・最初の1時間まで無料、以降30分毎にプラス¥100、¥2,000以上の利用で4時間無料)
C 可(VISA・MASTER・AMEX・JCB・その他)
交 地下鉄東西線「バスセンター前」駅8番出口から徒歩5分

CHINESE

フカヒレ、北京ダックを一度に味わえる、土・日曜、祝日限定の「虞美人(ぐびじん)ランチ」¥5,000 ※写真はメニューの一部

中国料理 桃花林
(ちゅうごくりょうり とうかりん)

落ち着いた雰囲気の店内。大小5つの個室があり、プライベートな空間で贅沢なひとときが過ごせる

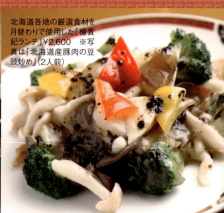

北海道各地の厳選食材を月替わりで使用した「楊貴妃ランチ」¥2,600 ※写真は「北海道産豚肉の豆豉炒め」(2人前)

黄金色に輝くスープが醸し出す
滋味深い味わいの正統派広東料理

ホテルオークラ札幌は並々ならぬこだわりがあり、鶏や雲南ハム、干し貝柱、香味野菜など厳選した素材を5～6時間煮込んだ黄金色に輝くスープで作る料理は、深い旨みがありながらあっさりとした味わいの広東料理に仕上がっています。

地下1階にある「桃花林」は、欧陽炳堅（オウヤンピンキン）中国料理総料理長が腕を振るう、広東料理の名店。欧陽総料理長は香港で広東料理を学び、東京・横浜の実力店で日本の繊細で完成された味覚を身に付けました。そして北海道の食材に出合ったことで、さらに広東料理の世界が広がったといいます。料理のベースとなるスープを立ててくれます。

かめ出し紹興酒は3種類用意されていて、かめを開けると広がる香りが料理を引き立ててくれます。ドリンクメニューも豊富。

LUNCH MENU
￥1,550～

虞美人ランチ（土・日曜、祝日限定）
　　　　　　　　　　　　￥5,000
[前菜・メイン料理4品・麺orご飯もの・デザート]

楊貴妃ランチ………￥2,600
[前菜・スープ・メイン料理3品・麺orご飯もの・デザート]

桃花林ランチ………￥1,550
[スープ・メイン料理（3種から1品）・春巻き・ザーサイ・ご飯orお粥・杏仁豆腐]

POPULAR DISH! 人気の一品

広東料理の定番「五目焼きそば」￥1,550。これを目当てにやってくる人も多く、長年に渡り人気ナンバーワンメニュー

水本香里のちょっとおいしい話

紹興酒などの中国酒はもちろん、ワインも常時80種を用意。ソムリエがゲストの好みとオーダーしたメニューによく合う1本を選んでくれますよ。

ホテルオークラの滋味深い正統派広東料理と、香港の家庭で見られる食の知恵を取り入れた大胆で創造的な新しい味覚の世界をご堪能ください。

中国料理総料理長　欧陽炳堅（オウヤンピンキン）

住	札幌市中央区南1条西5丁目 ホテルオークラ札幌B1F
☎	011-221-2405
営	L/11:30～15:30(LO15:00)、D/17:00～22:00(LO21:00)
休	無休
席	100席
予	したほうがよい
夜	アラカルト￥1,550～
夜	コース￥4,000～
喫	分煙（個室のみ喫煙可、ホールは全席禁煙）
P	あり（契約P・レストラン利用で最初の2時間200円、以降30分ごとに加算）※車種によって金額異なる
C	可（VISA・MASTER・AMEX・JCB・その他）
交	地下鉄「大通」駅3番出口から徒歩1分

JAPANESE

「お昼のおすすめ天ぷら定食」¥1,600。エビのサイズは違うものの、夜の献立と同じ内容をリーズナブルな価格で楽しめるお得なメニュー

蛯天 本店
えびてん ほんてん

八木さんの名人芸を楽しめるカウンター席。ゴマ油の香りと天ぷらを揚げる音が食欲をそそる

カラッと揚がったエビをはじめ野菜、魚がのった「上天丼」¥1,100（味噌汁と香の物付き）。※夜は小鉢がセットに

札幌 至福の上等なランチ　106

五感をフルに使って味わいたい
創業から続く伝統の技で揚げる天ぷら

すすきのの地で長く、そののれんを掲げてきた、札幌の天ぷら屋の中でも老舗の「蛯天本店」。二代目の八木久雄さんが、同店で修業をはじめたのが昭和48年のこと。創業以来続く伝統の技を受け継ぎ、現在も古くから通い続けるファンの後をたちません。

香り高いゴマ油と菜種油をオリジナルブレンドした油を使用し、リーズナブルな価格で提供。名店の天ぷらを、ぜひ一度堪能してみて。

素材をまとわせることで、驚くほどサクサクとした食感を実現。ボタンエビやホタテ、イカ、アスパラなど道産食材にこだわったネタを熟練の技でさらに極上の逸品へと仕上げます。ランチでは、その味わい流。タネを鍋に散らし、揚げ玉を作り、そこへ技法で揚げるのが同店

LUNCH MENU
¥1,000〜

お昼のおすすめ定食
……………¥1,600
［エビ2尾・魚2尾・野菜3点・茶碗蒸し・ご飯・味噌汁・香の物］

上天丼……………¥1,100
［エビ2尾・魚2尾・野菜3点・味噌汁・香の物］

お昼のご馳走膳
……………¥2,100
［エビ2尾・魚2尾・野菜3点・刺身・茶碗蒸し・ご飯・味噌汁・香の物］

＊夜（16:00〜）は丼メニューすべて小鉢付

水本香里のちょっとおいしい話

天ぷらはもちろん、刺身や一品料理が豊富なのも同店の魅力。中でもお気に入りはユズが入った手作りの「いか塩辛」310円。お持ち帰りもできます。

POPULAR DISH! 人気の一品

甘さを控え、シンプルな味わいに仕上げた「茶碗蒸し」¥550。季節を問わず、オーダーの多い一品料理の一つ

多くのお客さまに支えられ、創業65年を迎えることができました。これからも一つ一つ丁寧に、おいしい天ぷらをお届けできるよう、精進してまいります。

店主　八木 久雄

住　札幌市中央区南4条西3丁目4-1
☎　011-231-2960
営　11:00〜22:30(LO)、日曜、祝日は11:00〜21:30(LO21:00)
休　水曜
席　49席
予　不要
夜　¥2,000〜
喫　分煙
P　なし
C　可（VISA・MASTER・AMEX・JCB・その他）
交　地下鉄南北線「すすきの」駅1番出口から徒歩1分

FRENCH

たっぷり15種類の野菜が楽しめる「温野菜サラダランチ」¥2,700。豚の小腸と皮を煮込んだコラーゲンスープとキッシュがセットでボリューム満点!

プティ・サレ
P'tit salé

ディナーメニューより「プティ・サレ自慢のシャルキュトリー盛り合わせ」¥3,240（写真は2名盛り合わせ）

天井が高く開放感たっぷりの店内。大きな窓からは札幌市北3条広場（アカプラ）や札幌駅前通りの賑わいが眺められる

自家製シャルキュトリーが楽しめる
トレトゥール・レストラン

札幌の双子山に位置する隠れ家イタリアン「マガーリ」のオーナーシェフである宮下照生さんが手がける、全国でも数少ないトレトゥール・レストラン。

店内はテーブル席をはじめカウンター、個室、立ち飲みスペースと多彩に用意。夏はテラス席も開放。ランチタイムはビジネスランチを楽しむ人をはじめ、明るいうちからワインと共にシャルキュトリーを楽しむ人など、それぞれ思い思いのスタイルで、素敵なひとときを過ごしています。

「とにかく肉がおいしく食べられるお店にしたかった」と語り、同店で提供するハムやパテなどシャルキュトリー（食肉加工品）は全て、自家工房で作ったもの。道産の新鮮な肉を厳選した、安心・安全なシャルキュトリーが楽しめます。

LUNCH MENU ¥1,800〜

温野菜サラダランチ
························¥2,700
［前菜・温野菜サラダ・スープ・パン・コーヒーor紅茶］

日替わりグラタンランチ
························¥1,944
［シャルキュトリー盛り合わせ・本日のグラタン・パン・コーヒーor紅茶］

プティ・サレおまかせコース
························¥4,320
［シャルキュトリー盛り合わせ・温前菜・メイン・パン・コーヒーor紅茶］

POPULAR DISH! 人気の一品

「日替わりグラタンランチ」¥1,944より、蒸したカブと自家製ソーセージを使った「かぶのグラタン」（写真は一例）

信頼の高い北海道産の肉を低温で仕上げたシャルキュトリーと共に、常時150種類を用意したこだわりのワインもお楽しみください。

シェフ　寺田　義晶

水本香里のちょっとおいしい話

ショーケースには30種類前後のシャルキュトリーやお惣菜が並びます。テイクアウトの容器がドイツのウェック製なのもおしゃれで気分が上がります！

住 札幌市中央区北2条西4丁目1 札幌三井JPビルディング（赤れんが テラス）1F
☎ 011-206-0281
営 L／11:00〜15:00(LO14:00)、D／17:00〜22:30(LO21:30)
休 無休
席 30席
予 したほうがよい
夜 ¥4,500〜
喫 全席禁煙
P なし
C 可（VISA・MASTER・AMEX・JCB・その他）
文 札幌駅前通地下歩行空間4番出口直結

ITALIAN

イタリア北部で作られる詰め物パスタ「リコッタチーズを詰めたトルテッリ 鹿のラグー」(コース料金にプラス¥500) ※ジビエのため時期によっては提供できない場合あり

オステリア ヨシエ
Osteria YOSHIE

タラを低温で火を入れしっとり仕上げた「真鱈の冷製コンフィ ディルのババロア添え」(コース内の料理一例)

白い壁と木材をふんだんに使った、温かみのある落ちついた雰囲気の店内。内装は全て吉江シェフのデザイン

道産食材の魅力が詰まった
"北海道イタリアン"を堪能

道南の旧上磯町(現北斗市)の漁師の家に生まれた、オーナーシェフの吉江さん。小さい頃から新鮮な海の幸に囲まれて育った吉江シェフは、魚の目利きには絶対の自信があるそう。「同じ魚でも、時期によって、また新鮮な状態と熟成させた状態ではまったく味わいが異なります。素材の状態や季節感を大切にしています」。魚介をはじめ、白糠町の「酪恵舎」のチーズや「茶路めん羊牧場」の羊、北斗市「おぐに牧場」の黒毛和牛など道内の生産者とのネットワークを大事にし、こだわりを持った道産食材を厳選。素材の持ち味を最大限に生かした一皿や組み合わせの妙を楽しめる一皿など、吉江シェフが作り出す、驚きと喜びに満ちた料理を、ゆったりと落ち着いた雰囲気のお店で思う存分味わえます。

LUNCH MENU
¥1,400〜

Pranzo A ………… ¥1,400
［アミューズ・前菜・パスタ・ドリンク］

Pranzo B ………… ¥2,500
［アミューズ・前菜・パスタ2品・ドルチェ・ドリンク］

Pranzo C ………… ¥3,800
［アミューズ・前菜2品・パスタ1品・メイン・ドルチェ・ドリンク］

水本香里のちょっとおいしい話

同じ魚でも新鮮なものと熟成したもの、時期や場所で味が違うんですね。魚を知り尽くした吉江シェフが、それぞれに合った調理をしてくれます。

POPULAR DISH! 人気の一品

ホタテのすり身とトウモロコシの粉「ポレンタ」をミルクと共に練り合わせた「ホタテのポレンタ」¥1,400

北海道に生まれ育ち、この北海道を愛し、道産食材を使うことはとても自然ですし、誇りです。これからも道産食材の魅力を伝え続けていきます。

オーナーシェフ 吉江 恵一

住 札幌市中央区南1条東3丁目 大成ビル1F
☎ 011-231-2778
営 L／11:30〜15:00(LO13:30)、D／18:00〜24:00(LO22:00)
休 月曜
席 20席
予 したほうがよい
夜 ¥4,000〜

喫 全席禁煙
P なし
C 可(VISA・MASTER・AMEX・JCB)
交 地下鉄東西線「バスセンター前」駅6番出口から徒歩2分

JAPANESE

岡山県のこだわり卵に「はし田屋」独自の丼たれ。本店創業以来の変わらぬ味は"名物"の称号が付くほど美味な逸品。「親子丼」¥880

とりりょうり　さっぽろはしだや
鶏料理 札幌はし田屋

落ち着いた雰囲気の店内。カウンター席をはじめ、テーブル席、掘りごたつの座敷、個室を完備

卵衣で揚げた厚切りの中札内産ムネ肉に同店自家製のタルタルソースがたっぷり。「チキン南蛮定食」¥800

東京の人気鶏料理店が札幌に
名物の絶品親子丼が人気

「鶏料理 はし田屋」は2004年に東京・渋谷で開業。その後、中目黒・六本木に支店を、そして2013年4月に札幌店がオープンしました。上質な地鶏と新鮮で濃厚な卵などをお好みでのせるにこだわった鶏料理が同店の自慢。オリジナルのタレやスープを使った親子丼、鶏鍋、卵焼きなど、さまざまなメニューが味わえます。中札内の鶏肉を使った「親子丼」は、トロトロの卵の上に黄味が丸ごとのった、濃厚な味わいが魅力。そのままでいただくのもいいですが、京都有名店の黒七味や柚子七味をはじめ、山椒や三種の薬味などをお好みでのせると、また新たなおいしさが楽しめます。ほかにも「チキン南蛮」や「チキンツカレー」など、魅力溢れるランチメニューを用意。鶏のおいしさを思う存分堪能できるお店です。

LUNCH MENU ¥800〜

親子丼 …………… ¥880
[スープ・漬け物]

チキン南蛮定食 …… ¥800
[ご飯・スープ・漬け物]

鶏せいろ蕎麦セット
　　　　　　…… ¥900
[そぼろ丼(小)、ミニサラダ、漬け物]

＊ごはんの大盛り無料
＊ランチメニューは材料がなくなり次第終了

水本香里のちょっとおいしい話

お店名物の「しろ炊き鍋」を食べると、次の日もコラーゲンの効果でお肌がプルプル！美容効果も抜群です。食べておいしく・美容効

POPULAR DISH!
人気の一品

コラーゲンたっぷりのスープに中札内産モモ肉と自家製つくねなどを入れた、名物「しろ炊き鍋」(2人前¥2,780)

東京から札幌にやって来て、道内産の野菜のおいしさにびっくりしています。当店ならではの鶏と卵の持つ醍醐味を存分に味わってください。

店長　高月　浩次

住　札幌市中央区北4条西6丁目
　　毎日札幌会館1F
☎　011-210-9488
営　L／11:30〜14:00(LO)、
　　D／17:00〜24:00(フードLO23:00、ドリンクLO23:30)
休　日曜(祝日の場合は営業、翌月曜休)
席　41席
子　不要
夜　¥2,000〜
喫　分煙(11:30〜14:00まで禁煙)
P　なし
C　可(VISA・MASTER・AMEX・JCB・その他)
交　JR・地下鉄「さっぽろ」駅10番出口から徒歩5分

ITALIAN

甘酸っぱいバルサミコソースが食欲をそそる「豚ばら肉の煮込み野菜とバルサミコソース」(ランチコース ¥2,500より一例)

トラットリア　リッコ
Trattoria RICCO

「クリームチーズのムースフランボワーズのアイスクリーム添え」(ランチコース ¥2,500よりデザート一例)

カジュアルでありながら、漆喰や古い学校の梁などを取り入れた、重厚さも兼ね備えるおしゃれな空間

札幌 至福の上等なランチ　114

オーナーソムリエが選ぶ
ワインを楽しむためのイタリアン

大学卒業後にフランス各地を巡り、料理の世界に入った長嶺さんがオーナーソムリエ兼シェフを務めるイタリアン。気軽にワインと料理を楽しんで欲しいというスタイルから、サービスなども押し付けることなくとてもシンプル。「ワインを楽しんでもらうために料理の味付けにも気を使っている」という長嶺さんの作る料理は、道内産などこだわりの食材を塩加減や、ソースの濃さなど、ワインの味わいを邪魔しないことを第一に考えて提供しています。

ランチはコース料理を含めた3種ですが、パスタは複数の種類から選べるのも魅力の一つ。ランチでもワインを楽しみながらゆっくりと食事をするゲストも多く、日が差し込むおしゃれな空間の中で、ついつい長居をしたくなる一軒です。

LUNCH MENU
¥1,300〜

パスタセット(平日・土曜)
……………………¥1,300
［サラダ・パスタ・ソフトドリンク］

アンティパストセット(平日・土曜)
……………………¥1,800
［前菜5品盛り合わせ・パスタ・アイス・ソフトドリンク］

ランチコース(平日・土曜)
……………………¥2,500
［前菜5品盛り合わせ・パスタ・メイン・デザート・自家製パン・ソフトドリンク］

水本香里のちょっとおいしい話

日曜と祝日は通常のランチメニュー（セット2種、コース1種）をお休みするかわりに、「ディナーで提供しているアラカルトメニュー」が楽しめます。

POPULAR DISH! 人気の一品

夜のアラカルトメニューより、旬の野菜8〜10種を香ばしくジューシーに焼き上げた「グリル野菜」¥1,300

イタリアワインをはじめ、今後は道内のワインにも力を入れます。定期的にワイン会も開催しておりますので、気軽にご参加ください。

オーナーソムリエ・シェフ　長嶺　英人

🏠 札幌市中央区南2条西3丁目 パレードビル2F
☎ 011-210-2355
営 L／11:30〜15:00 (LO14:15)、D／17:00〜24:00 (LO23:30)
休 火曜
席 29席
予 不要
夜 ¥4,000〜

喫 分煙（喫煙10席、禁煙19席）
P なし
C 可(VISA・MASTER・AMEX・JCB・その他)
交 地下鉄「大通」駅12番出口から徒歩3分

Trattoria RICCO

FRENCH

「Le Menu Francais」¥3,400より「真鱈のポシェ 小海老とジャガイモのブランダード ソース・カルディナル」。道産の真鱈を濃厚なエビのソースでいただく一皿

L'AUBERGE DE L'ILL SAPPORO

オーベルジュ・ド・リル　サッポロ

ヨーロッパ各地から集めた調度品を配した店内。窓から差し込む日の光がゆるやかなひとときを演出

同店を代表するスペシャリテ「鵞鳥のフォアグラのテリーヌ オーベルジュ・ド・リル風」¥3,800

仏・アルザス地方の伝統の味を
"北海道ならでは"の味わいで再現

1967年からミシュランの三ツ星を維持している奇跡のお店「オーベルジュ・ド・リル」の料理を味わえる一軒家のレストラン「オーベルジュ・ド・リル　札幌店」を提供していきたいと語る、大場シェフ。フランスのアルザス地方に伝わるクラシックな伝統料理をリスペクトし、尚且つ北海道という恵まれた大地のエッセンスを加えた、同店ならではの一皿は、新たな味覚の発見につながりそうです。

「札幌はアルザス地方と気候が似ています。ここだからこそできるオリジナルな一皿を提供していきたい」と語る、大場シェフ。フランスのアルザス地方に訪れ、札幌の料理長大場シェフがその味を受け継いでいます。

フランス産の高級食材と北海道産の新鮮で質の良い食材の融合は、札幌店でしか食べられない、四季ごとに札幌に訪れ、札幌の料理長マーク・エーベルラン総料理長がアルザスから四季ごとに札幌に訪れ、

LUNCH MENU
¥1,800〜

Le Menu d' Affaires
.... ¥1,800
[アミューズ・メイン・小菓子・コーヒー]

Le Menu Francais
.... ¥3,400
[アミューズ・前菜・メイン・プレデザート・デザート・小菓子・コーヒー]

Le Menu d' Alsace
.... ¥6,000
[アミューズ・前菜・魚or肉料理・プレデザート・デザート・小菓子・コーヒー]

＊「Le Menu d' Affaires」は平日限定ランチコース
＊税・サービス料別途10％

水本香里のちょっとおいしい話

アルザスの「オーベルジュ・ド・リル」は大好きなレストランで2度訪れました。札幌でマークシェフの味をいただけるなんて、とても幸せです。

POPULAR DISH!
人気の一品

道産の豚肉を10時間以上火にかけたコンフィは赤ワインのソースで（Le Menu d' Affaires ¥1,800 よりメイン一例）

春夏秋冬の「オーベルジュ・ド・リル」の味を受け継ぎつつ、札幌の空気感や地元の食材など、こでしか出会えない味を提供していきたいです。

料理長　大場　貴博

住　札幌市中央区南1条西28丁目3-1
☎　011-632-7810
営　L／12:00〜15:30（LO14:00）、D／17:30〜23:00（LO20:30）
休　月曜（祝日の場合は営業、翌火曜休）
席　60席
予　したほうがよい

夜　¥6,000〜※税・サービス料別途10％
喫　全席禁煙
P　あり（30台・無料）
C　可（VISA・MASTER・AMEX・JCB・その他）
交　地下鉄東西線「円山公園」駅3番出口から徒歩3分

ITALIAN

道産小麦を使ったパスタやパンが味わえるコース。季節感を大切に旬のおいしいものを心ゆくまで楽しめる(写真はAランチ¥1,700一例)

カプリ カプリ
Capri Capri

驚くほどやわらかい「黒松内産ジャージー牛のポリートと季節のお野菜」(Bランチ¥2,600よりメイン一例)

黒を基調とした落ち着きのある店内。テーブル席やカウンター席があり、グループ使いできる個室も用意

札幌 至福の上等なランチ　118

ゲストの心を幸福感で満たす
自家菜園の野菜を使うイタリアン

「イタリア料理といえばパスタ」という考えが一般的だった時代から、こだわりの本格的なイタリアンを提供してきた珠玉の一軒。

地産地消をテーマに、実際に生産者のもとへ足を運び仕入れた安心・安全な季節の食材を使用。夏期には自家菜園で収穫したハーブやズッキーニ、トマトなど約30種類の新鮮な朝摘み野菜を使った料理が味わえます。「北海道はおいしい食材があるのはもちろん、すぐに生産者さんに会いにいけるのも魅力的ですね」とシェフの塚本さんは語ります。

ランチは1700円、2600円、3500円の3コースを用意。「より多くの人にイタリアンの良さを知ってもらいたい」という思いを込めた、その日届いた最高の食材を使うイタリアンが楽しめます。

LUNCH MENU ¥1,700〜

Aランチ……………¥1,700
［アンティパストミスト（5品）・お好みのパスタ・お好みのドルチェ・パン・食後の飲み物］

Bランチ……………¥2,600
［アンティパストミスト（5品）・お好みのパスタ・魚or肉料理・お好みのドルチェ・パン・食後の飲み物］

Cランチ……………¥3,500
［お食事始め・アンティパストミスト・シェフのおすすめパスタ・シェフのおすすめセコンド・お好みのドルチェorチーズ・食後の飲み物］

＊ランチ営業は土・日曜、祝日のみ

水本香里のちょっとおいしい話

パスタなどの料理はもちろんドルチェも魅力的なメニューがいっぱい！特にオレンジリキュールの「グランマニエ」を使ったカタラーナは絶品です。

POPULAR DISH! 人気の一品

オリーブの実やハムの盛り合わせなどを一度に楽しめる「アンティパストミスト」（¥3,500のCランチより）

季節の食材をおいしく食べられるようなイタリアンを作るのはもちろん、「楽しかったよ」と言ってもらえるようなお店を目指しています。

オーナーシェフ 塚本 孝

住 札幌市中央区南1条東2丁目13
☎ 011-222-5656
営 D／17:30〜24:00（LO22:00）
日曜、祝日は17:30〜22:00（LO21:00）
※ランチ営業は土・日曜、祝日のみ
12:00〜15:00（LO13:30）
休 水曜・第二火曜
席 25席
子 したほうがよい
夜 ¥5,400〜
喫 全席禁煙
P なし
C 可（VISA・MASTER・AMEX・JCB・その他）
交 地下鉄東西線「バスセンター前」駅3番出口から徒歩1分

JAPANESE

特製のゴマだれで味付けしたタイに、日高産のコンブで取った熱々のダシ汁をかけていただく「鯛茶漬け御膳」¥1,100

古今山久
ここんやまひさ

白とシルバーの洗練された印象のカラーをポイントに、インテリアは温かみのある木の素材をチョイス

香高く上品な味わいのダシ汁に、タイの旨味が溶け込む逸品。ほっとする味わいにお腹も心も大満足

札幌 至福の上等なランチ

日本の伝統と現代の技が創る
新感覚の和食を思う存分堪能

店主の山根さんが巻き起こしている職人の技は北海道の和食の世界に新風を巻き起こしています。出身地の札幌で和食をもって店を開店したのは、2014年2月。出身地の札幌で和食をもっと広めたいという思いから、店内の造りをモダンにし、日本の伝統の味を守りながらオリジナリティ溢れる料理を作りだしています。さらに器が大好きという山根さんは「器を見て楽しんでもらい、料理の盛り付けとおいしさに満足していただければ最高です」と一言。才気溢れる趣向を凝らした旬の素材を使った味わいが楽しめます。

ランチメニューは「鯛茶漬け御膳」の1種を提供。北海道では珍しい鯛茶漬けは日高産のコンブを使ったダシ汁でいただく風味豊かな味わいが魅力。ディナータイムは10品5500円と約12品7500円の2コースを用意。

LUNCH MENU
￥1,100～

鯛茶漬け御膳………￥1,100
[鯛の刺身・ダシ汁・煮物・香の物・ご飯・デザート]
＊鯛とご飯はおかわり可能
＊ランチはなくなり次第、終了

水本香里の
ちょっと
おいしい話

意外性のある食材の組み合わせやオリジナリティ溢れる調理法。ご主人の山根さんが作る感性豊かな一皿は、驚きと喜びがたくさん詰まっています。

POPULAR DISH!
人気の一品

独特の歯ごたえと甘みがたまらないタイの刺身（中央）とタイの煮こごりのジュレ（右）。どちらも夜のコースで提供

日本の良き伝統と新しい時代の技を融合した和食を目指しています。気軽にご来店いただき、和食の奥深さを堪能していただければうれしいです。

店主 山根　明宏

- 住 札幌市中央区南3条西8丁目 大洋ビル2F
- ☎ 011-596-7233
- 営 L／12:00～14:00(LO13:00)、D／17:30～23:00(LO21:30)
- 休 水曜、ほか不定休あり
- 席 14席
- 予 したほうがよい
- 夜 ￥5,500～
- 喫 全席禁煙
- P なし
- C 可(VISA・MASTER・AMEX・JCB・その他)
- 交 地下鉄南北線「すすきの」駅2番出口から徒歩5分

ITALIAN

トマトとパンを使ったトスカーナ料理をモチーフにした「帆立貝のソテーとカペレッティ トマトのパッパ仕立て」(PRANZO C ¥3,750より)

リストランテ　イル・チェントロ　ひらまつ
RISTORANTE il Centro HIRAMATSU

「北海蛸とセロリラヴと百合根のサラダ」はタコの食感、根セロリの爽やかな香りが魅力（ランチコース共通の前菜）

赤れんが庁舎が一望できるメインダイニング。春は桜、夏は新緑、秋は紅葉、冬は雪景色と四季折々の景色が広がる

札幌 至福の上等なランチ

赤れんが庁舎を眺めながら味わう
北海道で最高峰のイタリア料理店

日本を代表するフランス料理店「ひらまつ」が新たにイタリア料理店をオープン。世界的に活躍するデザイナー森田恭通氏が内装を手掛けたという店内は、趣の異なる木を使った壁や落ち着いた色合いに皿の上に表現され、時に繊細に時に大胆に時代の変化に合わせ、料理を踏襲しつつも、伝統的なイタリアの数々。食の宝庫である北海道の食材を使い、季節感を大切にしたという一皿は訪れるゲストの目と、そして舌を楽しませています。

に対応可能な110名収容のレセプションルームなど、多彩なスペースを設けています。

LUNCH MENU
¥1,750〜

PRANZO A（平日限定）
………………¥1,750
［前菜・パスタ・デザート・コーヒー］

PRANZO B………¥2,450
［前菜・パスタ・メイン・デザート・コーヒー］

PRANZO C………¥3,750
［前菜・パスタ・メイン・デザート・コーヒー］

＊税・サービス料別途10%

水本香里のちょっとおいしい話

待ちに待ったリストランテが登場。伝統的な料理から豊かな発想から生まれる一皿まで、北海道のイタリアンに新しい風を吹き込む、注目のレストランです。

POPULAR DISH!
人気の一品

「本日のお魚のアクアパッツァ 季節のお野菜と共に」¥3,500。旬の魚やアサリ、真イカ、野菜の旨味が凝縮した逸品。

イタリアの伝統とひらまつが培ってきた技法を大切に、ヨーロッパの素晴らしい食文化を、料理を通じて、お客さまに伝えていきたいです。

料理長　髙階　琢

RISTORANTE il Centro HIRAMATSU

住　札幌市中央区北2条西4丁目1 札幌三井JPビルディング（赤れんが テラス）4F
☎　011-252-3471
営　L／11:30〜13:30（LO）、D／17:30〜20:30（LO）
休　月曜（祝日の場合は営業、翌火曜休）
席　148席
子　したほうがよい
夜　¥3,750〜（平日）※税・サービス料別途10%
喫　全席禁煙
P　なし
C　可（VISA・MASTER・AMEX・JCB・その他）
交　札幌駅前通地下歩行空間4番出口直結

FRENCH

魚料理と肉料理から選べるメインをはじめ、7品が楽しめる¥2,700のランチコース(写真は一例)。魚・肉2種のメインが楽しめる¥3,456のコースもおすすめ

ラ ブランシュール
La Blancheur

フランス語で「白さ」を意味する店名の通り、店内は白を基調とした造り。大きな窓が開放感を感じさせる

スモークサーモンをジャガイモのワッフルにのせた「自家製スモークサーモン」(¥2,700 ランチコースより前菜一例)

札幌 至福の上等なランチ

クラシカルの中に独創性を追求
上品かつ繊細なフレンチコース

円山公園の側に建つ、白が印象的なビルの中にあるフレンチレストラン。2010年に独立したオーナーシェフの中本さんが作る料理は、上品に表現しています。「肩肘張らずにフレンチをもっと気軽に楽しんで欲しい」とはじめて訪れるゲストにも、きめ細やかなサービスをする中本シェフとフローリストでもあるマダムのさりげない心づかいが、とても心地よい空間をつくり上げています。友人同士での食事はもちろん、特別な日にゆったりと食事を楽しみたいときにもおすすめです。

夏は近隣の農家から届けられるズッキーニをはじめとした西洋野菜、冬はエゾシカや野兎といった道産食材のみならず、本州の珍しい魚介などその時期で一番良いものを、クラシックな技法を用いながらできるだけシンプルかつ上品に表現しています。

LUNCH MENU
¥2,700～

ランチコース………¥2,700
［アミューズ・前菜・メイン（魚or肉料理）・アバンデセール・デセール・食後の飲み物・小菓子］

ランチコース
<INSPIRATION>
……（※土・日曜、祝日限定）¥4,860
［アミューズ・前菜2品・魚料理・肉料理・アバンデセール・デセール・食後の飲み物・小菓子］

＊日によって品数が変更する場合あり

水本香里の
ちょっと
おいしい話

コースを締めくくるのは旬のフルーツやチョコレートなど厳選した素材を贅沢に使った、シェフ手作りのデザート。目にも鮮やかな一皿が楽しめます。

POPULAR DISH! 人気の一品

ナイフを入れると鮮やかなグリーンソースがとろりと溢れる「鶏の胸肉のキエフ仕立て」（ランチコースよりメイン一例）

「料理は簡素であれ」を常に意識し、食材の良さをシンプルに表現したフレンチを楽しんでいただけるお店づくりを目指しています。

オーナーシェフ 中本 泰弘

住 札幌市中央区北1条西28丁目 2-35 MOMA place3F
☎ 011-621-0929
営 L／12:00～13:30(LO)
　 D／18:00～21:00(LO)
休 火曜
席 18席
予 したほうがよい
夜 ¥5,670～

喫 全席禁煙
P あり（1台・無料）
C 可（VISA・MASTER・AMEX・JCB・その他）
交 地下鉄東西線「円山公園」駅3番出口から徒歩5分

札幌 至福の上等なランチ
INDEX 50音順

あ

iL SOLiTO イル ソリト	ITALIAN	18
蛯天 本店 えびてん ほんてん	JAPANESE	106
L'AUBERGE DE L'ILL SAPPORO オーベルジュ・ド・リル サッポロ	FRENCH	116
osteria EST EST EST オステリア エスト エスト エスト	ITALIAN	26
Osteria YOSHIE オステリア ヨシエ	ITALIAN	110
おばんざい おせんべい かまだ	JAPANESE	44

か

海鮮中華 宮の森れんげ堂 かいせんちゅうか みやのもりれんげどう	CHINESE	14
Capri Capri カプリ カプリ	ITALIAN	118
CAMARADE SAPPORO カマラード サッポロ	FRENCH	10
Quatre Vents キャトル ヴァン	FRENCH	80
cuisine urbaine lien キュイジーヌ アーバン リアン	FRENCH	66
GRAND NORI INDO SAPPORO グラン ノリ インドウ サッポロ	FRENCH	58
古今山久 ここんやまひさ	JAPANESE	120

さ

GENOVESE ジェノベーゼ	ITALIAN	88
SIO シオ	FRENCH	90
四川料理 桃源郷 しせんりょうり とうげんきょう	CHINESE	48
すし善 大通店 すしぜん おおどおりてん	JAPANESE	94
鮨 棗 赤れんが テラス店 すし なつめ あかれんが テラスてん	JAPANESE	100
蕎麦と新旬料理 石原 そばとしんしゅんりょうり いしはら	JAPANESE	16

た

TAKU円山 タクまるやま	JAPANESE	64
Dany's Restaurant ダニーズ レストラン	FRENCH	72
中国菜家 季璃香 ちゅうごくさいか きりか	CHINESE	30
中国北方家庭料理 順香 ちゅうごくほっぽうかていりょうり しゅんしゃん	CHINESE	22
中国料理 桃花林 ちゅうごくりょうり とうかりん	CHINESE	104
中国料理 美麗華 ちゅうごくりょうり びれいか	CHINESE	60
中国料理 侑膳 ちゅうごくりょうり ゆうぜん	CHINESE	68
鶴雅 ビュッフェダイニング 札幌 つるが ビュッフェダイニング さっぽろ	JAPANESE	74
teatro di massa テアトロ ディ マッサ	ITALIAN	42

ま

円山 さくら庵 _{まるやま さくらあん}	JAPANESE	24
円山天ぷら つかさ _{まるやまてんぷら つかさ}	JAPANESE	28
円山鳥居前 むな形 _{まるやまとりいまえ むなかた}	JAPANESE	36
MONTORGUEIL _{モントルグイユ}	FRENCH	62

ら

La Blancheur _{ラ ブランシュール}	FRENCH	124
La plume rose _{ラ プリュム ローズ}	FRENCH	54
RISTORANTE ALI _{リストランテ アリ}	ITALIAN	12
RISTORANTE & BAR ITALIANA Mia Angela IKEUCHI _{リストランテ アンド バール イタリアーナ ミア・アンジェラ イケウチてん}	ITALIAN	34
RISTORANTE il Centro HIRAMATSU _{リストランテ イル・チェントロ ひらまつ}	ITALIAN	122
RICCI cucina ITALIANA _{リッチ クチーナ イタリアーナ}	ITALIAN	38
料理屋K _{りょうりやケー}	JAPANESE	86
レストラン シンフォニー	FRENCH	50
Restaurant MiYa-Vie _{レストラン ミヤヴィ}	FRENCH	96
Locandino Zio Vittorio _{ロカンディーノ ツィオ ヴィットリオ}	ITALIAN	92

わ

和処 よし田 _{わどころ よしだ}	JAPANESE	52

テロワール フランセスキッチン	FRENCH	32
天婦羅 たけうち _{てんぷら たけうち}	JAPANESE	82
Trattoria Calma _{トラットリア カルマ}	ITALIAN	70
Torattoria Dellamore _{トラットリア デッラ・アモーレ}	ITALIAN	98
トラットリア・ピッツェリア テルツィーナ	ITALIAN	102
Trattoria RICCO _{トラットリア リッコ}	ITALIAN	114
鳥焼き・おでん こう楽 _{とりやき・おでん こうらく}	JAPANESE	56
鶏料理 札幌はし田屋 _{とりりょうり さっぽろはしだや}	JAPANESE	112

な

日本料理 潤花 _{にほんりょうり るか}	JAPANESE	20

は

Bistro 25 Vingt-Cinq _{ビストロ ヴァンサンク}	FRENCH	84
BISTROT déjà? _{ビストロ デジャ}	FRENCH	40
Pizzeria Dalsegno II _{ピッツェリア ダルセーニョ ドゥエ}	ITALIAN	78
P'tit salé _{プティ・サレ}	FRENCH	108
フレンチレストラン バンケット	FRENCH	46
北海道のフランス料理 Saveur _{ほっかいどうのフランスりょうり サヴール}	FRENCH	76

水本 香里

札幌在住のフリーアナウンサー。自他共に認める「食べ歩き好き」で、自身のラジオ番組やブログでもおいしいお店を紹介。趣味は海外旅行、おいしいイタリアワインを探すこと。オリジナルコーヒー「caoriブレンド」も好評。

著書：メイツ出版発行
『札幌上等なディナー』、『札幌とっても上等なランチ』
ブログ：http://kaopin.at.webry.info/

取材・文	水本 香里
編　集	浅井 精一、中村 萌美、魚住 有、佐々木 秀治、林 賢杜
デザイン	大原 潤美
制　作	大原 潤美、丸山 貴子
撮　影	上村 孝幸、三浦 秀樹、佐藤 アキラ、吉川 麻子、榊山 元、若林 伸夫

※表紙の写真はイメージです。
本誌に掲載している店舗ではございません。ご了承ください。

札幌 至福の上等なランチ

2015年3月15日　第1版・第1刷発行

監修者	水本香里（みずもと かおり）
発行者	メイツ出版株式会社
	代表者　前田信二
	〒102-0093東京都千代田区平河町一丁目1-8
	TEL:03-5276-3050（編集・営業）
	03-5276-3052（注文専用）
	FAX:03-5276-3105
印　刷	株式会社厚徳社

●本書の一部、あるいは全部を無断でコピーすることは、法律で認められた場合を除き、著作権の侵害となりますので禁止します。
●定価はカバーに表示してあります。
© カルチャーランド,2015.ISBN978-4-7804-1552-0 C2026 Printed in Japan.

メイツ出版ホームページアドレス　http://www.mates-publishing.co.jp/
編集長：大羽孝志　企画担当：大羽孝志